対人援助の現場で使える

承認する・勇気づける技術 便利帖

大谷 佳子
（おおや・よしこ）

はじめに

近年、“承認欲求”という言葉を、良くも悪くも、よく耳にするようになりました。

私たちは、人から褒められると嬉しくなります。それは、私たちが「人から認められたい」という承認欲求を持っているからです。承認欲求はヒューマン・ニーズの1つであり、その欲求が満たされれば、喜びや安心などのポジティブな感情が生まれます。

その一方で、“承認欲求”という言葉が、無理してまで褒めてもらえそうなことをする人の行為を揶揄するような表現として使われることも増えてきました。「SNSで必死に好意的な反応を求めたり、必要以上に自分をアピールしたりするのは“承認欲求”が強いから」などと言われることもあります。

確かに、誰かに認めてもらうことばかりを気にしてしまうと、自分で自分自身を苦しめてしまうこともあるでしょう。他者からの評価に依存せずに、自分の存在価値を肯定できるようになることが、自分らしさを大切にすることにつながります。しかし、困難に直面して不安定な状態にある人や、自信を失っている人は、他者から承認されたり、勇気づけられたりすることで、前向きになれることもあるのです。援助の現場だからこそ、その人の“承認欲求”に効果的に働きかけて、意欲を高めることも大切でしょう。

本書では、相手を効果的にほめる方法として、承認する技術と勇気づける技術を紹介しています。援助の対象者とのコミュニケーションにおいて、そして、組織内の人材育成や職員間の良好な関係づくりにおいても、本書を役立てていただけたら幸いです。

2020年4月
大谷　佳子

こんなコミュニケーションになっていませんか？

事例1 賞賛の言葉しかでてこない「月並みな褒め方」

病院の機能訓練室でリハビリを終えた山田さん（76歳、女性）に、PT（理学療法士）が声をかけています。

PT「山田さん、今日も頑張りましたね」

山田さん「そうですか……。ありがとうございます」

PT「本当に、よく頑張っていますよ」

山田さん「早く自分でできるようになって、家族を安心させたいなと思って……」

PT「そうですか、ご家族のために……。山田さんはえらいですね」

山田さん「いえいえ、えらいなんて……」

PT「いや～本当に、山田さんは立派ですよ」

山田さん「はあ……」

●「月並みな褒め方」になってしまった理由は？

PTは、リハビリを頑張った山田さんに「よく頑張っていますよ」「えらいですね」「立派ですよ」と、たくさんの賞賛の言葉をかけています。褒め言葉は相手の気持ちをポジティブにして意欲を高める効果がありますが、月並みな褒め方では「お世辞を言っている」と相手に思われてしまうかもしれません。

「山田さんの努力を承認したい。そして、次のリハビリも頑張ってもらいたい」というPTの気持ちは、どうやら山田さんの心に届いていないようです。

事例2 褒めるはずが皮肉になってしまう「余計な一言」

老人福祉施設に半年前に入職した介護職の小川さん（23歳、女性）に、先輩職員が声をかけています。

先輩職員「これ、小川さんがやったの？」

小川さん「はい」

先輩職員「本当？　誰かに手伝ったもらった？」

小川さん「いいえ、私一人でやりました」

先輩職員「小川さん一人で？　なんだ、やればできるじゃない」

小川さん「……」

先輩職員「だったら、次からはちゃんとやってね！」

小川さん「すみません……」

●「余計な一言」になってしまった理由は？

小川さんの成長やよい変化に気づいても、それを適切に伝えることができなければ、上手く承認することはできません。先輩職員は、小川さんが一人でできたことを褒めるつもりが、余計な一言を付けてしまいました。

「なんだ、やればできるじゃない」「だったら、次からはちゃんとやってね！」という言葉は、「今まで、あなたはちゃんとやっていない」と伝えているようなものです。「すみません……」という謝罪の言葉から、小川さんが皮肉を言われてネガティブな気持ちになっていることがわかります。

事例3 認めていても言葉に出さない「褒めない思考」

特別養護老人ホームに勤務している事務職の荻野さん（30歳、女性）は、指示された書類を作成して、上司に提出しました。

荻野さん「書類が作成できましたので、確認をお願いします」

上司「そこに置いておいて」
（荻野さんなら、いつも通り丁寧に作成してくれているだろう）

荻野さん「はい……」
（私がどのように作成したのか、興味ないのかな）

上司「では、次はこれをお願い」
（荻野さんに任せれば大丈夫！）

荻野さん「はい……」（えっ、また私……？ どうして？）

上司（本当に荻野さんは信頼できる部下だな）

●「褒めない思考」になってしまった理由は？

上司は、荻野さんの普段の仕事ぶりを肯定的に認めています。そして、「荻野さんに任せれば大丈夫」と信頼しているからこそ、次の仕事も荻野さんに頼みました。
ところが、荻野さんには、そのような上司の思いは伝わっていません。新たな仕事を与えられて、荻野さんは気が重くなってしまったようです。
「部下のことは認めている。ただ言葉に出さないだけ」などの“褒めない思考”は、褒められ慣れていない人によくみられます。人から褒められることが少ない人ほど、褒めることの効果に疑問を感じやすく、“褒めない思考”になりがちです。

本書の技術を使えばこう変わる！

これまで見てきた3つの事例は、援助の現場に限らず、日常生活においても見られることがあるでしょう。承認は、スキルです。本書の技術を少しずつ取り入れることで、上手に褒めたり、認めたり、勇気づけたりすることができるようになります。解説とともに、1つずつ改善例を見ていきましょう。

事例1 「月並みな褒め方」の改善例

月並みな褒め方を改善するためには、まず、相手をよく観察してみましょう。相手をしっかり見ていると、その人特有の行動や具体的な成果を知ることができます。その人の"強み"に気づいたら、それを言葉で具体的に伝えましょう。

山田さんのような目上の人や、立場がはるかに上の人に対して、「すごいですね」「えらいですね」などの褒め言葉を使うと、軽い言い方に聞こえてしまうかもしれません。相手を尊重している気持ちが効果的に伝わるように、IメッセージやWeメッセージを使うとよいでしょう。

具体的な行動を伝えよう

PT「山田さん、今日はいつもより10分も長く続けることができましたね」

山田さん「10分も長く？気がつきませんでした」

リフレーミングしてみよう

PT「気がつかないほど、一生懸命取り組まれていたのですね。すごい集中力だと思います」

気持ちを伝えよう（Iメッセージ）

山田さん「そ、そうですか。早く自分でできるようになって、家族を安心させたいなと思って……」

PT「ご家族のことを想ってがんばっているのですね。山田さんの根気強く努力する姿に、私たちはいつも励まされているんですよ。次回も、私たちと一緒に頑張りましょう」

気持ちを伝えよう（Weメッセージ）

応援の言葉を伝えよう

山田さん「はい、ありがとうございます」

事例2 「余計な一言」の改善例

相手を褒めるときに一言多くなったり、嫌味な言い方になってしまったりする人は、褒める代わりに、事実をそのまま伝える承認をしてみましょう。「手直しの必要がないくらい、完璧だね」と結果をそのまま伝えたり、「小川さん一人でやってみたんだ」と具体的な行動をそのまま伝えたりすることも承認です。

先輩職員が自分の成長を喜んでくれて、「もう任せて大丈夫」などと言ってくれたら、小川さんのモチベーションはきっと高まるでしょう。

先輩職員「これ、小川さんがやったの？」

小川さん「はい」

先輩職員「手直しの必要がないくらい完璧だね。誰かに手伝ったもらったの？」 ← **結果をそのまま伝えよう**

小川さん「いいえ、私一人でやりました」

先輩職員「そう、小川さん一人でやってみたんだ」 ← **具体的な行動を伝えよう**

小川さん「はい、何とかやれるようになりました」

先輩職員「よかったね。小川さんがこんなに上手にできるようになって、私も嬉しいです。 ← **一緒に喜ぼう** もう、小川さんに任せて大丈夫ね」 ← **任せてみよう**

小川さん「はい、ありがとうございます」

事例3 「褒めない思考」の改善例

日々の業務において、上司から「お疲れさま」「大変でしたね」などの労いの言葉や、「ありがとう」「助かりました」などの感謝の言葉がないと、部下が不満を感じる原因になります。まずは、会話のなかで、労いの言葉と感謝の言葉が抜け落ちないように意識しましょう。それだけで、職場の雰囲気が変わってくるはずです。

感謝の言葉を伝えよう

荻野さん 「書類が作成できましたので、確認をお願いします」

上司 「ありがとう。
荻野さんはいつも丁寧に作成してくれるから
大丈夫だと思うけど、この後、書類に目を通しておきますね」

具体的な行動を伝えよう

荻野さん 「はい、お願いします」

気づかいの言葉をかけよう

上司 「この書類をお願いしたから、ここ数日忙しかったでしょう？
次の仕事を頼んでも大丈夫？」

荻野さん 「ええ、大丈夫です」(私が忙しかったこと、知っていてくれたんだ)

上司 「荻野さんが担当してくれると安心なので、いつも大変な仕事をお願いしてしまうけど、負担になっているときは言ってくださいね」

荻野さん 「はい、ありがとうございます」(私のこと、信頼してくれているんだ)

気づかいの言葉をかけよう

いかがでしょうか。私たちは誰かから褒められたり、認めてもらえたりすると、嬉しくなって、意欲も高まります。援助の対象者に対してだけではなく、上司や部下、同僚にも、もっと承認の言葉をかけてみましょう！
本書は、援助の現場ですぐに活用できる、心理学に基づいた承認の方法や、勇気づけの方法を紹介していきます。自分に合った方法で学習できるように、次頁以降に示す本書の活用方法を参考にしてください。

本書の活用方法

●活用方法1：読みものとして、一通り読む

本書は、承認したり、勇気づけたりするための技術とともに、関連する心理学の知識や、近年注目されているスキルについて知ることができます。読みものとして、初めから通して読んでも、興味・関心のある章から読んでもよいでしょう。

●活用方法2：便利帖として、必要なときに参考にする

本書は必要なときに、必要なページを引いて参考にできるように工夫しています。

これってどういう意味？

各ページに付いている🔑キーワードから、知りたい単語を探してみましょう。

🔑キーワード　コミュニケーション技術

こういうときは、どうするの？

第2〜4章は、承認の種類がわからなくても必要なページが見つかるように、「○○しよう」と具体的な行動が見出しになっています。目次から、知りたいかかわり方を探してみましょう。

●活用方法3：学習書として、今のあなたに必要な技術を学ぶ

本書は、どの章から読み始めてもよい構成になっています。今のあなたに必要な方法の章から読んで実践すると、効率よく学習することができます。

承認するために、何から始めればよいかわからない人は……

➡第2章を読んで、「相手の存在を承認する方法」から学習するとよいでしょう。
存在承認は、すべての承認の基礎です。存在承認は、相手や場所を選びません。
その人の存在を承認することから実践してみましょう。

『すごいですね』『えらいね』などの褒め言葉しかでてこない人は……

➡第3章を読んで、「相手の強みを承認する方法」から学習してもよいでしょう。
褒めるという行為も承認の1つですが、褒め言葉を使わなくても相手の“強み”を承認する方法も知っておくとよいでしょう。

褒めるところが見つからないときの承認の方法を知りたい人は……

➡第4章を読んで、「相手を勇気づける方法」から学習してもよいでしょう。
勇気づける方法を身につけると、その人が本来持っている強みを引き出して支援するときに役立ちます。

もっと相手の心に響く承認をしたい人は……

➡第5章を読んで、「相手のタイプに合わせた承認」から学習してもよいでしょう。
第5章には相手のタイプを見つけるためのチェックシートが付いています。タイプごとの承認のポイントや動機づけのポイントを参考にしてください。

●活用方法4：研修のネタ本として、職場内研修で活用する

本書には、自分や相手のタイプがわかるチェックシートや、承認上手になるためのワークシートが付いています。ダウンロードして、職場で研修や勉強会に活用することもできます。

準備

チェックシートやワークシートをダウンロードして、研修や勉強会の参加者数分を用意します。

研修

参加者にワークシートに取り組んでもらいます。

※演習の前に、本書を参考にして、そのワークシートに関する説明をしてもよいでしょう。

ワークシートの解説を配布あるいは、解説を口頭で説明して答え合わせをします。

※時間に余裕があれば、参加者の答えを発表してもらってから、答え合わせをするのもよいでしょう。

●活用方法5：自分自身の「ワークブック」として活用する

本書の第6章には、承認上手になるための5つのステップを紹介しています。自分自身のワークブックとして、それぞれのステップにあるワークシートに取り組んでみるのもよいでしょう。

準備

チェックシートやワークシートをダウンロードします。

研修

本書を読みながら、チェックシートやワークシートに取り組んでみましょう。
友人など、周囲の人と一緒に取り組んでみるのもよいでしょう。

ワークシートのダウンロード方法

本書で紹介しているワークシートを「特典」として用意しています（ダウンロード対応と記載されたもののみ）。

SHOEISHA iD メンバー購入特典

ファイルは以下のサイトからダウンロードして入手いただけます。

https://www.shoeisha.co.jp/book/present/9784798161945

特典ファイルは圧縮されています。ダウンロードしたファイルをダブルクリックすると、ファイルが解凍され、ご利用いただくことができます。

<注意>

※会員特典データのダウンロードには、SHOEISHA iD（翔泳社が運営する無料の会員制度）への会員登録が必要です。詳しくは、Webサイトをご覧ください。

※会員特典データに関する権利は著者および株式会社翔泳社が所有しています。許可なく配布したり、Webサイトに転載したりすることはできません。

※会員特典データの提供は予告なく終了することがあります。あらかじめご了承ください。

ファイルにはWord形式のシートと、PDF形式のシートがあります。必要に応じて出力し、ご利用ください。Word形式のシートは、本文をご参照のうえ、ケースに応じてカスタマイズしていくとよいでしょう。見出しの横に **ダウンロード対応** マークがあれば、そのシートをダウンロードできます。

CONTENTS

第2章 相手の存在を承認する方法

第3章 相手の強みを承認する方法

第4章 相手を勇気づける方法

第5章 相手のタイプに合わせて承認しよう

第6章 承認上手になろう

第1章

もっと承認してみよう

私たちは誰かから認められたり褒められたりすると、ポジティブな気持ちになり、
考え方や行動も前向きになります。
それは、私たちのなかに承認欲求があるからです。
第1章では、承認欲求に関する心理学理論と、その欲求を満たすことで
期待できる効果を整理します。

相手を承認することで期待できる効果

効果1
相手の自己肯定感を高める

効果2
相手の自尊心を高める

効果3
相手のモチベーションを高める

効果4
相手と良好な関係を形成する

キーワード　**承認（アクノレッジメント）、ラポール、ストレングス視点**

その人らしさを肯定的に認める

援助の現場における“承認”

承認とは、気づく、そして伝えること

“承認”という言葉から、あなたは何をイメージしますか。

承認とは一般的に、「その事柄が正当である・事実であると判断すること」と定義されています。許可するという意味を含む言葉として、「会議で承認された」「県から承認が得られた」などと使われることも多いでしょう。

援助の現場における**承認**とは、判断することでも、許可することでもなく、その人やその人の行為を肯定的に認めることです。この意味における承認を、英語では**アクノレッジメント**（acknowledgement）と表現します。アクノレッジメントという言葉には、気づいたことを知らせるという意味があります。つまり、承認とは相手の存在や強み、成長、変化に気づき、それを相手に伝えることと言えるでしょう。

承認は援助の基盤を固める

援助の対象者のなかには、容易に解決できない問題に直面して、不安になっている人もいます。失敗体験を繰り返して心が折れそうになり、自信を失っている人もいるかもしれません。自分自身に対する信頼は、その人が問題に向き合うための基盤です。自分に対する信頼がなければ、問題に立ち向かうことも、新たな行動を起こすことも難しくなるでしょう。

援助の対象者が、自分の存在を価値のあるものとして肯定できるようになるためには、援助職からの承認が必要です。承認は援助の対象者の自己肯定感を高めます。同時に、自分を肯定的に認めてくれた援助職に対する信頼が確かなものになり、**ラポール**（信頼関係）が形成されるのです。承認は援助の現場において、不可欠なスキルと言えるでしょう。

援助の対象者を承認するときは、ココに注目！

人柄、表情、容姿、持ち物、能力、考え方、
価値観、夢、可能性、目標、理想、感性、
習慣、挑戦、勇気、貢献、愛情、配慮、
実績、経験、人脈、技術、特技　　　など

「何ができないのか」「何が困難なのか」に焦点を置くと、その人を承認することは難しくなるでしょう。その人らしさに注目することで初めて、相手の強み、成長、変化に気づくことが可能になるのです。

ストレングス視点

ストレングス視点とは、利用者のストレングスに焦点を置いた援助職の見方、援助観と言えるでしょう。焦点はストレングス、つまり、その人の持つ強さです。その人の強さは、“できていること”に限定されるものではありません。

可能性という視点からも、その人の“強み”を引き出してみましょう。その人が持っている夢や理想、目標こそが、その人が現実に立ち向かっていく力になるのです。

キーワード **テクニック（技術）、スキル（技能）**

承認をスキルとして学ぶ

“承認”は援助職に求められるスキル

承認上手な人と承認下手な人の違い

「相手を肯定的に認めることが大切」と頭のなかで理解しているだけでは、上手く承認することはできません。上手に承認するためには、“気づく”と“伝える”の2つの**テクニック（技術）**が求められます。

“気づく”とは、承認するポイントを見つけることです。日頃から、その人に関心を持って観察していなければ、何を承認したらよいのかわかりません。しっかりとその人のことを観察することが、承認上手になる第一歩です。承認が上手くできない理由として、相手をよく見ていない、あるいは、どこに注目して見たらよいのかがわからない、などが考えられるでしょう。

そして、“伝える”とは、気づいたことを言葉に出して、表現することです。せっかく承認するポイントを見つけても、それを適切に表現する方法を知らなければ、相手の心に届く承認はできないのです。

そのとき、その人に適した承認

承認上手な人は、“気づく”と“伝える”の2つのテクニックを身につけています。

例えば、「目標が達成できて、すごいですね」という承認は、“目標の達成”という結果に着目して、“すごいですね”という褒め言葉で承認を表現しています。「ついに目標が達成できた！」と喜びを感じているとき、このように褒めてくれる人がいると、嬉しい気持ちは倍増するでしょう。

しかし、承認するポイントは、結果だけとは限りません。また、「すごいですね」という褒め言葉も万能ではありません。努力をしても、なかなか目標が達成できない人には、その人が努力を続けていることや、努力の過程で発揮されたその人の強みを承認することが求められるからです。

本書では、承認上手になるためのテクニックを第2章〜第4章で紹介していきます。

第2章「相手の存在を承認する方法」では、誰に対しても、いつでも実践できる承認のテクニックを身につけることができます。第3章「相手の強みを承認する方法」では、その人の強みを見つけるコツと、その強みを本人にも気づいてもらえるような伝え方を学びます。さらに、その人が本来持っている強みを引き出し、困難を克服できるように支援するために、第4章「相手を勇気づける方法」も知っておくとよいでしょう。

学んだテクニックのなかから、そのとき、その人に求められる適切な方法を選択して、活用する力が**スキル（技能）**です。第5章「相手のタイプに合わせて承認しよう」を参考にして、第2章〜第4章で学んだテクニックを実践スキルとして活用してみましょう。

承認上手になるためのテクニック

① 気づく技術

承認するポイントに気づくこと

“相手の何を承認するのか”

② 伝える技術

気づいたことを言葉に出して、表現すること

“相手にどのように伝えるのか”

承認するポイントは1つだけではありません。伝え方にもさまざまな方法があります。そのとき、その場面に適した方法や手段を用いてこそ、相手の心に届く承認になるのです。

キーワード　ヒューマン・ニーズ、マズローの欲求階層説

「認められたい！」は大切な欲求

ヒューマン・ニーズとしての“承認欲求”

自己実現には承認が必要

私たちは、誰かから肯定的に認めてもらえると嬉しくなります。それは、私たちのなかに「認められたい！」という承認欲求があるからです。

アメリカの心理学者マズロー（Maslow, A.H.）は、人間の欲求（**ヒューマン・ニーズ**）を“生理的”“安全”“所属と愛”“承認”“自己実現”の5つで表現しています。このなかで最も優先されるのは、生命を維持するための“生理的”欲求です。この欲求が満たされない状況では、他の欲求は出現しません。なぜなら、生理的欲求はすべての欲求のなかで最も基礎的で、強い欲求だからです。このように、欲求には優先序列の階層が存在することから、マズローは**欲求階層説**を提唱しました。

マズローによれば、“生理的”欲求が充足されると“安全”欲求が出現する、という関係性を持ちながら、ヒューマン・ニーズは一段階ずつ、より高次の欲求へと移行します。つまり、最も高次に位置づけられている“自己実現”は、“生理的”から“承認”までの4つの欲求を満たさなければ出現しない欲求なのです。

援助の優先順位を判断

マズローの欲求階層説は、援助の優先順位を判断する際にもよく活用されています。

例えば、援助を展開する際に、最優先されるものが“生理的”や“安全”の欲求の充足でしょう。生命や安全を脅かすリスクを取り除いて、その人の生活の土台をつくります。土台が不安定なままでは、社会のなかで健康的に生活するための“所属と愛”や“承認”への欲求は出現しません。援助の優先順位を確認しながら、その人らしさを大切にした生活や“自己実現”に向けて支援していくことが大切と言えるでしょう。

マズローの欲求階層説

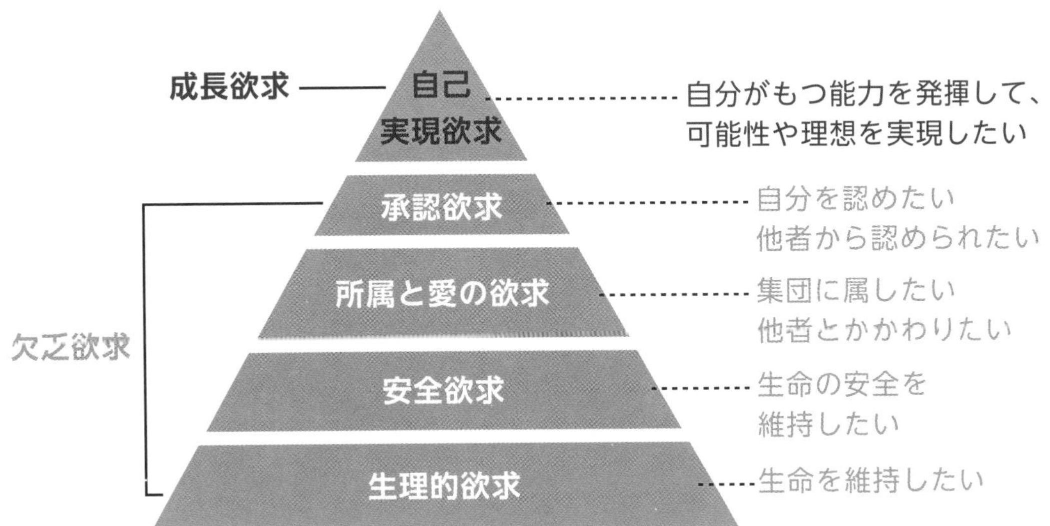

マズローの6段階目

マズローが欲求階層説を発表したのは1943年です。それから長い時間を経て、1971年にマズローは人間の欲求をもう1つ追加しています。最終的なマズローの欲求階層説は、実は、6つの欲求段階で構成されているのです。

マズローは、初期の5つの欲求段階（"生理的""安全""所属と愛""承認""自己実現"）は自分の利益を中心に考える**利己的欲求**であり、これらが満たされると、次は他者に対して利益を与えたいと考える**利他的欲求**（社会に貢献したい、人を助けたい、世の中を平和にしたいなど）が出現すると考えました。これが6つ目の**自己超越欲求**です。「自分の利益を超えて他者のために何かを成し遂げたい」という欲求こそが、最も高次のものとしたのです。

キーワード　成長欲求、欠乏欲求、心の耐性

承認欲求の充足は不健康を防ぐ

心の健康に必要な“承認”

成長欲求の下地をつくる欠乏欲求

マズローは、人間が行動を起こす理由として、5つのヒューマン・ニーズを“成長欲求”と“欠乏欲求”とに分けています。

成長欲求は人間的成長を求め続ける欲求であり、マズローの理論において最も高次に位置づけられている“自己実現”が該当します。それに対して、**欠乏欲求**とは足りないものを補うことで満たされる欲求のことであり、“生理的”“安全”“所属と愛”、そして“承認”が含まれます。これらの欲求を満たすことが、“自己実現”欲求が出現するための下地となるのです。

ところが、欠乏欲求を満たすためには、足りないものを、何かあるいは誰かによって、補う必要があります。喉が渇いたり、空腹を感じたりしても、そこに飲み水や食べ物がなければ“生理的”欲求を満たすことはできないでしょう。生命や生活が脅かされない環境が整わなければ“安全”欲求は満たされません。そして、社会的な欲求である“所属と愛”や“承認”は、自分以外の他者の存在があって初めて充足が可能になるのです。

欠乏欲求が満たされないと不健康に

欠乏欲求には、不足したままでは不健康な状態を生み、充足されることで不健康な状態になることを防ぐという特徴もあります。“生理的”欲求が満たされないままでは、生命を維持することができません。“安全”や“所属と愛”の欲求が満たさなければ、心は不安定な状態になります。そして、“承認”の欲求が満たされなければ、“自己実現”の欲求が出現しないだけではなく、自分の存在そのものに価値を感じられなくなり無気力になるかもしれません。欠乏欲求は、心と体が健やかな状態であるために、満たされなければならない欲求と言えるでしょう。

成長欲求と欠乏欲求の特徴

成長欲求	欠乏欲求
自己実現	生理的／安全／所属と愛／承認
・人間的成長を求め続ける欲求である ・そもそも欠乏欲求が満たされないと出現しない ・満たそうとすることで積極的に健康な状態をつくる ・完全に満たされることはないため、欲求を満たそうと努力を続ける	・足りないものを補うことで満たされる欲求である ・不足したままでは不健康な状態を生む ・充足されることで不健康な状態を防ぐ ・ある程度充足されると満足を感じて欲求自体を忘れる

心の耐性

“所属と愛”と“承認”は、心理的な満足が必要とされる欠乏欲求です。この2つは満たされないままでも、ある条件のもとでは、不健康な状態にならないこともあります。その条件とは、その欲求が十分に満たされた経験を持つことです。

例えば、十分な愛情を受けて育った子どもは、その後の人生において“所属と愛”の欲求が多少満たされないことがあっても、すぐに不健康な状態になることはないでしょう。それは、子どもの頃の経験が、心に耐性（不適切な反応や行動を起こさずに耐える力）をつくるからです。

欠乏欲求が十分に満たされていなくても、成長欲求を実現するために活動できる人には、このような耐性が備わっているのかもしれません。

キーワード　自己承認欲求、他者承認欲求、アルダファーのERG理論

「認められたい！」と「自分で自分を認めたい！」

2種類の"承認欲求"

「認められたい！」の根底にあるもの

マズローによれば、私たちには2種類の承認欲求があります。

1つは他者に受け入れてもらいたい、認めてもらいたいという**他者承認欲求**と、もう1つは自分自身が自分を認めて、今の自分に満足したいという**自己承認欲求**です。

一般的に"承認欲求"という表現は、「認められたい！」という他者承認欲求を意味して使われていることが多いでしょう。しかし、人から認められたいという他者承認欲求の根底にあるのは、他者から認められた自分の存在を自分自身が認めたいという自己承認欲求です。本来、自己承認欲求を満たすのは自分自身です。しかし、それが上手くいかないときは、他者からの承認を得ることで自分の存在価値を感じようとする心理が強く働くのです。

他者からの承認も大切

「他者からの承認は求めるべきではない」「他者承認に依存せず、自分で自分を認めることが大切」などと言われることがあります。確かに、他者からの承認を求め過ぎると、他者の反応に過敏になって一喜一憂したり、承認してもらえるように自分を偽ったりするようになる、などのリスクもあるでしょう。

しかし、困難に直面して不安定な状態にある人や、失敗が続いて自信を失っている人は、他者からの承認がなければ、自分の存在に価値を感じることさえできなくなってしまうのです。自分がどのような状態にあったとしても、そのような自分を肯定的に認めてくれる人の存在は大きな心の支えになるはずです。承認されたことに応えよう、応えたいという気持ちが働くことで、考え方や行動が前向きになることも期待できるでしょう。

自己承認欲求は欠乏欲求? それとも成長欲求?

マズローによれば、承認欲求は欠乏欲求の1つです。確かに、他者承認欲求は他者に依存しなければ、満たすことができません。では、他者に依存しなくても、自分で満たすことのできる自己承認欲求も欠乏欲求なのでしょうか？

その答えは、アメリカの心理学者アルダファー（Alderfer, C.）の**ERG理論**が教えてくれます。アルダファーは、マズローの欲求階層説を修正して、5つの欲求を“生存（Existence）”“関係（Relatedness）”“成長（Growth）”の3つの欲求に整理しました。ERG理論という名称は、この3つの欲求の頭文字をとったものです。

アルダファーは、他者承認欲求を“関係”欲求に、自己承認欲求を“成長”欲求に分けています。自己承認欲求は、“自己実現”と同様に、自己の成長を求める欲求に位置づけているのです。

アルダファーのERG理論

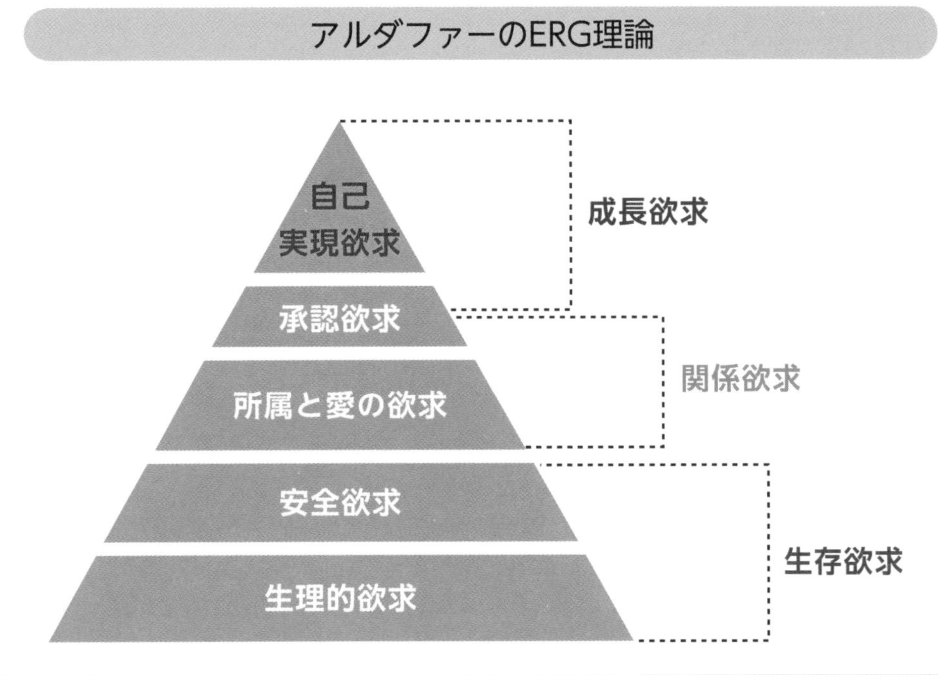

キーワード　自己肯定感、自己否定感、レジリエンス

承認の効果①

相手の自己肯定感を高める

「こんな自分でもいい」と「こんな自分じゃダメ」

自己肯定感とは、自分の存在価値を肯定できる感情のことを言います。自分の存在、あるいは自分の状態・考え方・行動・人格などをありのままに受け入れて、肯定できる感覚と言えるでしょう。できないことやダメなところがあっても、「こんな自分でもいい」と思えると、自分自身にも、そして他者にも優しくなれるのです。

一方で、自分をありのままに受け入れることができず、「こんな自分じゃダメ」と思ってしまう感覚のことを**自己否定感**と言います。何かにつけて自分ことを否定してしまうと、自分が嫌になり、自分の存在に価値を感じられなくなるのです。

承認された体験が自己肯定感を高める

国際比較調査（独立行政法人国立青少年教育振興機構）によると、日本人は自己肯定感が低く、自己否定の傾向があることが報告されています。その理由として、謙虚であることを美徳とする日本の文化や、減点方式で評価する学校教育の在り方などが指摘されています。

自分なりに努力しても、周囲から「これではまだまだ」「もっと頑張れるはず」などとダメ出しされる体験をしてきた人は、自分に自信を持つことができません。不足しているところを指摘されることで、謙虚さや努力し続ける姿勢を身につける人もいるでしょう。その一方で、自分の良いところより、ダメなところばかりに目を向けてしまうことが“くせ”になってしまう人もいるのです。これでは、自己肯定感は高まりません。

ダメ出しではなく承認される体験をしてきた人は、自分や自分のやっていることを肯定できるようになります。「自分が努力していることをわかってくれた」「自分の頑張りを認めてもらえた」などと感じる体験をすることで、自分を信頼できるようになるのです。

自己肯定感に関する国際比較調査

自己肯定に関する項目に「そうだ」「まあそうだ」と回答した人の割合

「私は価値のある人間だ」と思う人の比率

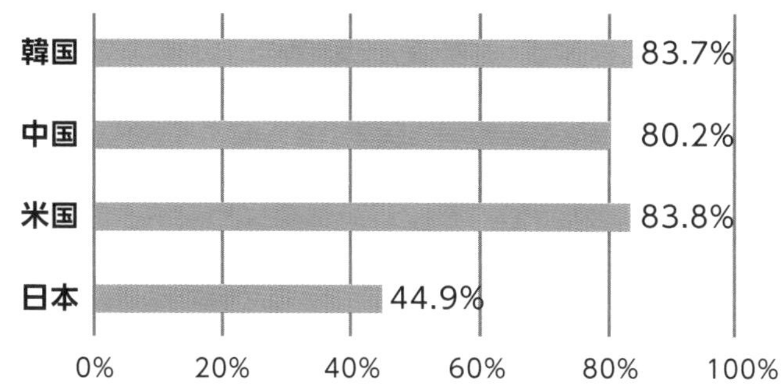

「私は今の自分に満足している」人の比率

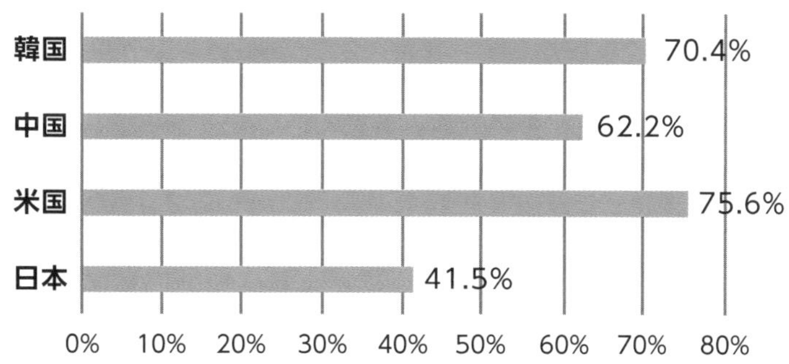

出所：「高校生の心と体の健康に関する意識調査報告書」独立行政法人国立青少年教育振興機構（平成30年3月）

他国と比較すると、日本の高校生は自己肯定的な項目に対する自己評価が低く、しかもその差が大きいことがわかります。

自己肯定感が高くなることで期待できる効果

- **自分に自信がなく、自分を否定的に見ている人が……**
  ➡ 自分のありのままの姿を信頼できるようになる！
- **周囲の評価が気になり、他者から悪く言われることに不安のある人が……**
  ➡ 他者の目をそれほど気にしなくなり、周囲に振り回されなくなる！
- **不安や怖れを持ちやすく、人と比べて落ち込みやすい人が……**
  ➡ 感情が安定し、怒ったり、落ち込んだりすることが減る！
- **他者に対して批判的で、人間関係にトラブルを抱えやすい人が……**
  ➡ 他者に優しく寛容になるので、よい人間関係が築けるようになる！
- **物事を否定的に受けとめやすい人が……**
  ➡ 物事を肯定的に受けとめられるようになる！
- **白か黒かと決着をつけなければ気が済まなかった人が……**
  ➡ 考え方が柔軟になる！
- **失敗すると自分の価値まで否定してしまう人が……**
  ➡ 失敗を成長の糧にしていくことができるようになる！
- **自分のことを好きだと思えなかった人が……**
  ➡ 自分を好きだと感じられるようになる！

自己肯定感とレジリエンス

ストレスによって心に歪みが生じた状態を、指で押されたゴムボールに例えることがあります。ゴムボールを指で押すと圧がかかり、押されたところがへこんでしまいます。これが、ストレスによる心の歪みです。このへこみ（歪み）を元に戻そうとする力を**レジリエンス**と呼び、日本語では、精神的回復力、逆境力、あるいは弾力性などと表現しています。

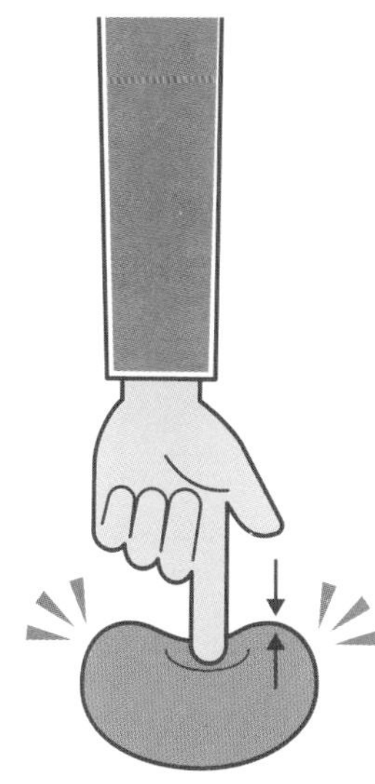

つまり、レジリエンスとは「ストレスフルな体験をしても心理的な傷つきから立ち直り、乗り越えようとする力」のことと言えるでしょう。近年では、「仕事や生活におけるさまざまな困難や変化にしなやかに対応できる“折れない心”」を意味する概念として使われることも多くなりました。

このレジリエンスを高めるために重要なのが、自己肯定感です。レジリエンスには自制心や楽観性などの要素が必要とされていますが、ベースに自己肯定感がなければ折れない心は育たないのです。

キーワード　自尊心（自尊感情）、セルフ・ハンディキャッピング

承認の効果②

相手の自尊心を高める

自尊心とは、自分を尊いと思う気持ち

援助の現場では、「その人の自尊心を大切する」という言葉をよく耳にします。**自尊心**（self-esteem）とは**自尊感情**とも呼ばれ、自分の存在を尊いものであると認識して、自分自身を大切にする気持ちのことを意味する概念です。このような気持ちを、一般的にはプライドと表現することもありますが、プライド（pride）には「自尊感情」や「誇り」という肯定的な意味だけでなく、「うぬぼれ」「高慢」「思い上がり」などの否定的な意味も含まれています。自尊心が高い人は自分自身の価値や品性を大切にしますが、プライドが高い人は世間体や体裁を重視する傾向があることからも、自尊心とプライドは区別したほうがよいでしょう。

人から尊重された経験が自尊心を育てる

自尊心は、自己肯定感と同じ意味を持つ概念と考えられることもありますが、自尊心は「こんな自分でもいい」と自分を受け入れると同時に、「自分は周囲から尊重されている」と感じることから生まれ、育まれていきます。周囲から尊重されることで、自分の存在が価値あるものとして感じられるようになるからです。

周囲から無視されたり、自分の意見が否定されたりするような経験をしてきた人は、自分自身を大切にする気持ちを持つことができません。周囲の言動から、自分の存在価値を感じることができないと、自分のことも、そして他者のことも尊重できなくなるのです。「その人の自尊心を大切にする」ためには、日々のコミュニケーションのなかで、その人の存在価値をしっかり承認しましょう。

言い訳は自尊心を守る手段

自尊心の低い人にみられる特徴的な行動の1つが、セルフ・ハンディキャッピングです。**セルフ・ハンディキャッピング**とは、実行する前に、「今日は疲れているので、きっと上手くできないと思います」などと、失敗に備えて言い訳や弁解をするような行動のことです。「今日は疲れている」などと自分にハンデを与えておくことで、失敗しても自尊心が傷つかないように自己防衛しているのです。

自尊心が高まると、失敗が自分の価値が下げることはないと思えるようになり、ハンデをつける必要がないことにも気づくでしょう。

セルフ・ハンディキャッピング

「失敗したのは自分に力がないから」 ⬇ **自尊心が傷つく！**	「失敗したのは疲れていたから」 ⬇ **自尊心が維持される！**

自尊心が高くなることで期待できる効果

- セルフ・ハンディキャッピングをする人が……
  ➡ 自分にハンデを与えなくなる！
- 他者を尊重することができない人が……
  ➡ 自分を尊重できるように、他者も尊重できるようになる！
- 「もうダメだ」などと、すぐにあきらめの態度をとる人が……
  ➡ 落ち着いて物事に取り組めるようになる！
- 自分の意見を主張せずに、周囲に流されやすい人が……
  ➡ 自分の意見を言えるようになる！
- 周囲から高く評価されている人をうらやんだり、妬んだりする人が……
  ➡ 周囲と自分を比べなくなる！
- 「どうせ私にはできない」などと、過剰に謙遜する人が……
  ➡ 「私にもできるかも」と、チャレンジできるようになる！
- 周囲の態度や言動に過剰に敏感に反応する人が……
  ➡ 周囲の態度や言動に振り回されなくなる！

やる気のない言動は、承認欲求の裏返し?

自尊心の低い人は、「どうせ私にはできない」などと過剰に謙遜したり、「もうダメだ」などとすぐにあきらめの態度をとったりする傾向があります。そのため、自尊心の低い人は、周囲から「あの人はやる気がない」などと思われがちです。一見、周囲からの承認を望んでいるようには見えませんが、実は、認められたいという願望を強く持っています。

セルフ・ハンディキャッピングは、失敗したときに自尊心が傷つくことを自己防衛すると同時に、成功したときには「ハンデを乗り越えて頑張った！」と評価されることを期待した心の働きと言えるでしょう。

過剰な謙遜も、あきらめの態度も、「周囲から承認されたい」「自分を高く評価してほしい」という気持ちの裏返しなのかもしれません。

キーワード　**モチベーション（動機づけ）、ハーズバーグの二要因理論**

承認の効果③

相手のモチベーションを高める

褒めたつもりの上司と、実感のない部下

援助の対象者はもちろんのこと、援助職にも承認は必要です。なぜなら、“承認”欲求が充足されなければ“自己実現”欲求が出現しないのは、援助職も同じだからです。

公益財団法人日本生産性本部の「職場のコミュニケーションに関する意識調査結果」によると、98.6％の課長職が、部下や後輩を褒めることが「育成につながる」と考えています（「育成にはつながらない」は0.9％、無回答0.5％）。ところが、同調査の「あなたは部下を褒めますか？」に対する回答は、「褒めている」が79.3％、「特に褒めない」が20.5％でした（無回答0.2％）。褒めることの効果を認識していても、実際には部下を褒めない上司が少なからずいることがわかります。さらに興味深いのは、「上司はあなたを褒めますか？」の項目に対する一般職員の回答です。「褒めるほうだ」と回答した職員は全体の6割、「褒めないほうだ」が4割でした。上司は褒めているつもりでも、部下は「自分は褒められている」と感じているとは限らないようです。

言葉に出さなければ、伝わらない

「仕事はできて当たり前。いちいち褒める必要はない」と考える上司は少なくありません。あるいは、「部下や後輩のことは認めている。ただ言葉に出さないだけ」と言う上司もいるでしょう。

当たり前と思うようなことでも、部下や後輩の仕事ぶりを日々観察していると、その職員の強みやちょっとした変化にも目が向くようになります。承認とは、気づき、そして伝えることです。あなたが気づいたことを言葉に出して本人に伝えましょう。自分一人では気づかなかった強みや変化を知ることで、その職員のモチベーションがアップします。

「職場のコミュニケーションに関する意識調査」結果

課長職への設問
「あなたは部下を褒めますか？」

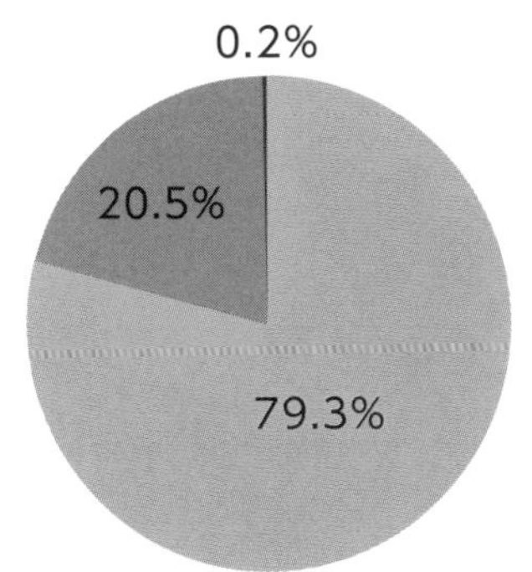

■ 褒めている ■ 特に褒めない ■ 無回答

一般職員への設問
「上司はあなたを褒めますか？」

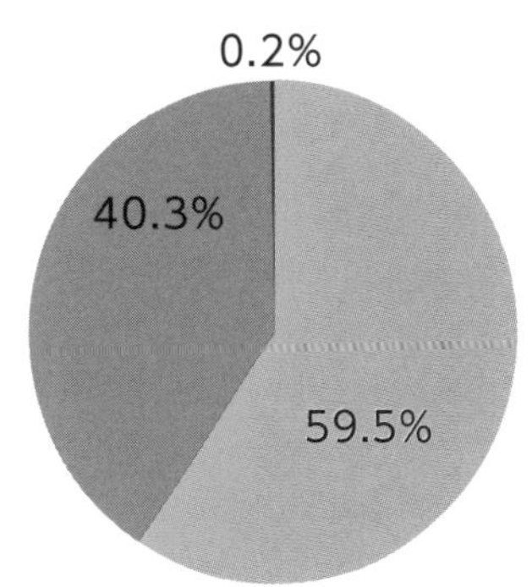

■ 褒めるほうだ ■ 褒めないほうだ ■ 無回答

出所：「第4回職場のコミュニケーションに関する意識調査結果」公益財団法人日本生産性本部（2017年6月）

承認することを妨げる思考パターン

- 「そんなことはできて当たり前」
- 「期待しているレベルに到達できなければ褒めるに値しない」
- 「言葉に出さなくても、ちゃんと認めている」
- 「立場上、厳しく言わなければならない」
- 「できていないところを指摘するほうが大切」
- 「1人ひとりの部下や後輩のために時間をとれない」
- 「いちいち褒める必要はない」

モチベーションとは単なる“やる気”ではない

モチベーション（motivation）とは、動機を意味するmotiveと行動を意味するactionを組み合わせた言葉です。動機が行動に結びつくプロセスのことであり、日本語では“**動機づけ**”と訳されています。

動機づけという言葉を、相手のやる気を高めるときに使う人も多いでしょう。厳密に言えば、モチベーションとは単なる“やる気”ではなく、目的に向かって行動を起こし、その行動を維持することを言います。いくら“やる気”があっても、それが行動に結びつかなければ、その気持ちを維持することは難しいのです。

“達成感”がモチベーションを高める

「いい援助を提供したいという気持ちがあっても、モチベーションが上がらない」という場合には、その原因として“達成感が得られない職場環境”が考えられます。

毎日、上司から指示・命令されたことを言われた通りに遂行するだけでは、やりがいが感じられず、達成感は得られません。「何のためにその仕事をしているのか」「自分は成長できているだろうか」などの不安や悩みがあると、自分のしていることに自信が持てず、モチベーションが低下してしまうのです。

モチベーションを高めるために不可欠なのは、職員自身が考えて選択したり、決定したりできる機会と、ある程度の裁量が職員に与えられた職場環境です。入職したばかりで、任せられることが限られている職員に対しては、存在承認や勇気づけから始めてみましょう。先輩や上司から「ありがとう」と感謝されたり、「上手にできるようになりましたね」などと認めてもらえたりすると、自分や自分のしていることに自信を持つことができるでしょう。

モチベーションが高まる達成感

自分の仕事は感謝されている	自分は成長できている	自分で考えて選択・決定できる	やっていることに自信が持てる
➡p.104「感謝の言葉を伝えよう」	➡p.90「変化を伝えよう」	➡p.76「任せてみよう」	➡p.62「結果をそのまま伝えよう」

これらの達成感を感じると……
仕事へのモチベーションが高まる！

部下や後輩は「自分が承認されている」と感じると、自分を認めてくれた人や組織に応えたいという気持ちが生まれます。その気持ちが、モチベーションをさらに高めるのです。承認してくれた上司・先輩への信頼にもつながっていくでしょう。

給与より、職員を動機づけるもの

仕事をするうえで、給与はモチベーションを高める要因と考えられがちです。

確かに、給与が上がれば嬉しくなり、「もっと頑張ろう」という気持ちになる人も多いでしょう。しかし、それは一時的なものです。なぜなら、1か月後には、その給与はその人にとって当たり前の額になるからです。そればかりか、その後順調に昇給していかなければ、不満の種にもなりかねません。

アメリカの臨床心理学者ハーズバーグ（Herzberg, F.）は、職務満足にかかわる要因と不満足にかかわる要因は別のものであると考えて、二要因理論を提唱しました。

満足にかかわる要因は**"動機づけ要因"**と呼ばれます。この要因は、あれば満足度を高めることができますが、不足していても不満足を引き起こすわけではありません。もう一方の**"衛生要因"**は、不足すれば不満の原因になる要因です。満たしても不満を予防するだけであり、満足感につながるわけではありません。

では、給与はどちらの要因でしょうか？ ハーズバーグによれば、給与は衛生要因です。給与のみで職員のモチベーションを維持することは難しいため、承認も含めた動機づけ要因によって職務を充実させることが重要なのです。

ハーズバーグの二要因理論

満足にかかわる"動機づけ要因"

- 仕事の達成感
- 周囲や上司からの承認
- 仕事そのものに対する興味
- 与えられた責任と権限
- 能力向上や自己成長（昇進、資格取得など）

あれば満足度アップ
なくても不満ではない

不満足にかかわる"衛生要因"

- 会社の方針（経営理念やビジョン）
- 上司の管理や監督の方法
- 職場での人間関係
- 労働条件や環境
- 給与

なければ不満度アップ
あっても満足しない

キーワード　ポジティブ感情、ネガティブ感情、返報性

承認の効果④

相手と良好な関係を形成する

協働は、相手を承認することから始まる

職場の風通しのよい雰囲気や良好な人間関係は、その職場で働く職員に快適な職場環境と前向きな勤務態度をもたらします。誰もが気持ちよく働ける職場は、援助職のモチベーションを向上させて、援助の質を高めるでしょう。

その一方で、職員間の関係がギクシャクしている職場では、意思疎通が上手く図れず、業務に支障をきたしがちです。人間関係のトラブルも生じやすくなるでしょう。ストレスフルな職場で働く援助職に、良質な援助を提供することは期待できません。

意思の疎通を成立させて、職員間に良好な関係を築くためには、互いに承認することが大切です。一緒に働く相手を肯定的に認めることができなければ、協働することは難しいでしょう。

人間関係を良好にするポジティブ感情

自分の何気ない行動に対して、「フォローしてくれて助かりました」「早めに準備してくれて、ありがとう」などと同僚から声をかけられると、喜びや安心などのポジティブ感情が生まれます。**ポジティブ感情**とは、人間心理のなかにある肯定的な感情のことで、喜び、希望、感動、愛情、感謝などが含まれます。ポジティブ感情には気分を落ち着かせ、心身をリラックスさせる効果があるため、ポジティブ感情を抱くと視野や思考の幅が広がり、他者への寛容性を高めます。相手の視点から物事を捉えられるようになり、その結果、良好な人間関係を促進することが、ポジティブ感情に関する心理学的研究によって報告されているのです。

それに対して、怒り、憎しみ、失望、悲しみなどの否定的な感情のことを**ネガティブ感情**と言います。ネガティブ感情には、強い力で私たちの思考を支配する特徴があります。

私たちが偏った考え方に囚われたり、思考が後ろ向きになったりするのは、ネガティブ感情を抱いているときなのです。

承認されると、承認したくなる

私たちは自分がポジティブな感情を受け取ったら、同じように自分もポジティブ感情を返したくなる傾向があります。コミュニケーションにおいて互いに何かを返し合う傾向のことを**返報性**と言います。自分のことを褒めてくれたり、認めてくれたり、信頼してくれたりする人には、自分も同じように承認したくなるものです。このようなポジティブ感情のやりとりを積み重ねて、良好な人間関係が形成されます。

ポジティブ感情を受け取ったときの効果

- 気分が落ち着き、精神が安定する
- 心身がリラックスする
- 視野や思考の幅が広がる
- 他者への寛容性を高める

笑顔で挨拶し合う、感謝や労い、共感の言葉をかけ合うなど、相手を承認するコミュニケーションの積み重ねが良好な人間関係を形成します。

ポジティブが3、ネガティブが1

アメリカの心理学者フレドリクソン（Fredrickson, B. L.）は、ポジティブ感情とネガティブ感情の比率について、3対1の法則を提唱しています。この比率は絶対的なものではなく、ネガティブ1に対して、ポジティブが3以上あればよいという意味であり、4：1、5：1の比率でもよいのです。

ネガティブ感情はよくないものと思われがちですが、フレドリクソンはネガティブが1あることにより、メンタルヘルスが正常に機能すると考えています。別れを悲しむ感情や、不当な行為に対して怒る感情、危険を恐れる感情なども人間の自然な感情だからです。

1日のなかで、ネガティブ感情が生まれる出来事が1つあったら、ポジティブ感情を抱いた出来事を3つ思い出してみましょう。心のなかのネガティブ感情を否定したり、疲れてしまうほどポジティブになろうとしたりする必要はないのです。

フレドリクソンによる感情の比率

ポジティブ感情	ネガティブ感情
喜び、楽しさ、好意、希望、幸福感、満足感、安心感、愛着感、達成感、充実感、優越感、信頼感、有能感、尊敬、畏敬　など	悲しみ、怒り、憎しみ、嫌悪、失望感、喪失感、不安感、敵対感、疎外感、孤独感、劣等感、不信感、絶望感、無力感、無気力感、屈辱感、負い目、失敗感　など
3	1

3　：　1

第2章

相手の存在を承認する方法

何か特別なことをしていなくても、その人が存在していることに注目して、関心を示すのが"存在承認"です。
褒めるという行為は、相手が特別なことをしたときに限定されがちですが、存在を承認することは、いつでも、誰に対してでも行うことができます。
第2章では、その人の存在を承認するための5つの方法を紹介します。

方法1
存在を承認しよう

方法2
気づかいの言葉をかけよう

方法3
表情やアイコンタクトで承認しよう

方法4
話に耳を傾けよう

方法5
待ってみよう

キーワード　存在承認

「おはようございます」
存在を承認しよう

褒めなくても、その人の存在を承認

私たちは、褒められると嬉しくなります。自分が努力したことで目標を達成したり、素晴らしい成果が得られたりしたとき、誰かが褒めてくれると嬉しさが倍増します。褒められて照れることはあっても、嫌な気持ちになる人はいないでしょう。

ところが、「よくがんばりましたね」「すごいですね」などと褒める機会は、相手が特別なことをしたり、特別なことができたりしたときに限定されがちです。つまり、何か特別なことがなければ、相手を褒めることはできないのです。

褒め言葉を伝えて、相手を肯定的に評価することだけが承認ではありません。いつでも、誰に対してでも、できる承認があります。それは、相手の存在を承認することです。

その人が存在していることに注目する

承認（アクノレッジメント）には、「気づいたことを知らせる」という意味があります。

つまり、承認とは相手の存在に気づくこと、そして、それを相手に伝えることなのです。例えば、「おはようございます」「こんにちは」という挨拶は、相手の存在に気づき、それを伝える**存在承認**の代表と言えるでしょう。相手をしっかり見て、気持ちを込めて挨拶しましょう。「あなたの存在にちゃんと気づいています」「あなたに関心を持っています」というメッセージが伝わり、その人の存在を承認することができます。

出会いの挨拶がおざなりだったり、すれ違ったときに会釈もなかったりすると、「軽く扱われているのかな」「私には関心がないのかな」などと、相手を不安な気持ちにさせてしまうでしょう。無視や無関心は、その人の存在そのものを否定することと同じだからです。

相手の存在を「承認する表現」と「承認しない表現」

相手の存在を承認する表現

- 初対面では、自分から挨拶と名前・所属を告げる
- 出会いの場面では、自分から挨拶する
- 「○○さん」と名前を呼ぶ
- すれ違うときに会釈する
- 丁寧な言葉づかいで話す
- 話しかけるときは、視線を合わせる
- 話しかけられたら、相手のほうに顔と体を向ける
- 約束や時間を守る
- 「○○していただけますか？」と依頼形の言葉を使う
- ちょっとしたプレゼントや、メッセージを書いたカードを贈る

相手の存在を承認しない表現

- 初対面なのに名乗らない／自己紹介しない
- 相手が挨拶してから、自分も挨拶する
- おざなりな挨拶
- 名前を覚えない
- 年配の人を「おじいちゃん」「おばあちゃん」やあだ名で呼ぶ
- 相手は敬語なのに、自分は友だち口調で話す
- 視線をそらす／視線を合わせようとしない
- 話しかけられても、作業を止めない／相手のほうを見ない
- 約束や時間を厳守しない
- 「○○してください」と指示形の言葉を使う
- 無視する／関心を示さない

援助の対象者への承認

援助の対象者が「自分の存在が承認されている」と感じるのは……

- 援助職が「○○さん、おはようございます」などと丁寧に挨拶してくれるとき
- 援助職が自分のペースに合わせてくれるとき
- 自分が理解できるまで、援助職が丁寧に説明してくれるとき
- 「○○さんの笑顔に、私たちは励まされています」などと、自分の存在意義を援助職が伝えてくれるとき

援助の対象者が「自分の存在が承認されていない」と感じるのは……

- 「どーも」などと、援助職からの挨拶がおざなりなとき
- 「早く○○しましょう」「まだですか？」などと急かされるとき
- 「わかりましたね」「もういいですね」などと援助職のペースでことを運ぼうとするとき
- 援助職から、早口で一方的に話をされるとき

「早く○○しましょう」「まだですか？」「わかりましたね」「もういいですね」などは、援助職が自分の都合を優先しているときに出てくる言葉です。自分本位ではなく、相手本位でかかわることが“存在承認”のポイントです。

部下・後輩、同僚への承認

職員が「自分の存在が承認されている」と感じるのは……

- 自分のために時間を割いてくれるとき
- 自分の気持ちや考えを尊重してくれたとき
- 失敗しても、どうすれば改善するのかを一緒に考えてくれるとき
- 上手くいかないときに、何が問題なのかを一緒に考えてくれるとき
- 失敗したことだけではなく、できていたことも評価してくれるとき

職員が「自分の存在が承認されていない」と感じるのは……

- 自分への対応の仕方が、他の職員に対する対応と違うとき
- 話しかけても「後にして」と言われたまま放っておかれるとき
- 相談しても「わかる、わかる、よくあるよね」と軽く流されるとき
- 失敗したときに「なんで、そんなことするのかな」と不機嫌そうに言われたとき
- 上手くできないときに「もういいから」と言い放たれたとき

スキルアップ

意見を求める

職員に対して、「あなたはどう思う？」「○○さんの考えを教えて」などと意見を求めてみましょう。意見を求められるのは、その人の存在が承認されている証です。
いつも一方的に指示されてばかりの職員は、「私の意見はいらないのかな」と感じてしまうでしょう。意見を求められた職員は、「チームや組織の一員として認められた」と無意識に感じることができます。どのような意見であっても、その人なりに考えてくれたことを承認すると、その職員の主体性と職場への帰属意識が高まります。

キーワード　**ストローク**

「具合はいかがですか？」

気づかいの言葉をかけよう

相手を認める言動は全てストローク

その人の存在を認めることを意味する行為を、心理学では**ストローク**と呼びます。相手を気づかったり、心配りしたりして声かけするのも、その人の存在を承認するストロークです。

「具合はいかがですか？」「何かお困りのことはありませんか？」などと声かけをして、援助の対象者の健康を気づかったり、問題が生じていないか心配したりするのは、その人の存在を大切に想っているからです。

日常の何気ない一言のようでも、このような気づかいの言葉は、「あなたのことを、いつも心配しています」という援助職の気持ちを伝えているのです。

生きる自信につながるポジティブ・ストローク

ストロークは、受け取った側がどのように感じるかで、ポジティブ・ストロークとネガティブ・ストロークに分かれます。**ポジティブ・ストローク**を受け取ると、自分の存在を肯定することができ、生きる自信につながっていきます。一方、**ネガティブ・ストローク**は受け取った人の気持ちを不快にします。自分の存在に意味が感じられなくなり、自信が持てなくなるのです。

その人の存在を承認することは、**無条件のポジティブ・ストローク**です。一方、褒める、感謝する、労うなどの承認は、その人がしたことに対するポジティブ・ストロークですが、期待に応える行動や行為があったときにのみ与えられる**条件付きのストローク**と言えるでしょう。無条件と条件、両方のストロークを受け取ると、自分の存在が受け入れられ、自分のやっていることが認められていると感じることができるのです。

ストロークの手段

<言葉によるストローク>

笑顔で
挨拶したり
話しかけたり

<非言語によるストローク>

じっくりと相手の
話に耳を傾けたり、
子どもを抱きしめ
たり、なでたりなど

ポジティブ・ストロークとネガティブ・ストローク

	ポジティブ・ストローク	ネガティブ・ストローク
その人の存在に対して **無条件のストローク** ※ストロークをもらうために何もする必要がない	・明るい挨拶 ・笑顔や微笑み ・丁寧なしぐさや態度 ・気づかいの言葉 ・傾聴	・おざなりな挨拶 ・不機嫌な表情 ・雑なしぐさや態度
その人がしたことに対して **条件付きのストローク** ※ストロークをもらうために何か行動しなくてはならない	・褒める ・感謝する ・労う	・否定する ・叱責する ・軽蔑する

援助の対象者への承認

援助の対象者が「自分の存在が承認されている」と感じるのは……

- 「お身体の具合はいかがですか？」「お疲れではありませんか？」と気づかう言葉
- 「暑いなか、大変でしたね」と相手を思いやる言葉
- 「前回おっしゃっていましたよね」と些細なことでも覚えていてくれる言葉
- 「これでよろしいでしょうか」と確認してくれる言葉

援助の対象者が「自分の存在が承認されていない」と感じるのは……

- 「そうでしたっけ？」と忘れていることをごまかそうとする言葉
- 「そんなこと言っていませんでしたよ」と否定する言葉
- 「……」何も言ってくれない

部下・後輩、同僚への承認

職員が「自分の存在が承認されている」と感じるのは……

- 「大丈夫？　間に合いそう？」「手伝いましょうか？」と気づかう言葉
- 「体調はどう？」「気をつけてね」と心配してくれる言葉
- 「疲れたでしょう？　大変だったね」「寒い中、お疲れさま」といたわる言葉
- 「その髪型、すっきりしていいですね」とちょっとした変化にも触れる言葉

職員が「自分の存在が承認されていない」と感じるのは……

- 「なんでできないの？」と頭ごなしに否定する言葉
- 「言い訳はいいから」と決めつける言葉
- 「……」何も言ってくれない

スキルアップ

依頼形とクッション言葉で気づかいを伝える

相手に何かを依頼するときは、「していただけますか？」とお願いすると、相手の都合を気づかう表現になります。「してください」とお願いすると、相手は依頼されたのではなく、一方的に指示されたと感じてしまうので注意しましょう。
「していただけますか？」の前に、クッションの役割を果たすクッション言葉を添えると、相手を気づかう気持ちがより効果的に伝わります。相手への気づかいが伝わると、こちらからのお願いも快く受けとめてもらうことができるのです。
援助の対象者に対してだけではなく、職員同士のコミュニケーションにおいても、依頼形とクッション言葉を積極的に活用しましょう。「申し訳ないけど、お願いしていい？」などと表現すると、コミュニケーションがスムーズになります。

依頼するときのクッション言葉

- 恐れ入りますが
- 大変恐縮でございますが
- お手数をおかけいたしますが
- ご迷惑をおかけしますが
- ご面倒でなければ
- お時間がありましたら
- ご都合がよろしければ

キーワード **非言語、準言語**

非言語・準言語はコミュニケーションの重要なツール

表情やアイコンタクトで承認しよう

表情や目は、口ほどにものを言う

「具合はいかがですか？」などと相手を気づかう言葉をかけても、援助職が無表情のままでは気持ちが伝わらず、事務的な対応だと思われるでしょう。「お困りのことがあれば、どんなことでもおっしゃってください」と声かけしたときに、援助職が手元の資料を見つめたままだったり、記録をつけることに集中していたりすると、話を聴こうとする援助職の熱意が伝わらず、相手は話をする意欲を低下させてしまうでしょう。

私たちは、関心がないときに無表情になりやすく、かかわりを持ちたくないという意思を示すときに視線をそらします。援助職が無表情のままだったり、視線をまったく合わせなかったりすると、「あなたには関心がありません」というメッセージを相手に伝えてしまうのです。援助職の表情とアイコンタクトは、相手の存在を承認するうえで重要なコミュニケーション・ツールと言えるでしょう。

視覚・聴覚・言葉で効果的に承認

対面でのコミュニケーションにおいて、言葉によって伝達されるメッセージは全体の２～３割、それに対して、言葉以外の手段による伝達は７～８割を占めると考えられています。言葉より多くのメッセージを伝えているのは、表情や視線・目線、しぐさ、姿勢などの**非言語**や、声のトーンや口調などの**準言語**なのです。

非言語は相手の目に映る視覚情報であり、準言語は相手の耳に届く聴覚情報です。「あなたの存在を承認しています」「あなたを大切に想っています」というメッセージは、視覚情報、聴覚情報、言語情報の３つで表現すると、より効果的に相手に伝わります。

気づかいの言葉をかけるときには、相手の目に映る援助職の表情や視線、相手の耳に聞こえる援助職の口調からも、相手を気づかうメッセージが伝わるように意識しましょう。

メッセージを伝える3つの情報

相手の存在を「承認する非言語」と「承認しない非言語」

相手の存在を承認する非言語	相手の存在を承認しない非言語
●穏やかな表情／笑顔	●無表情／眉をしかめる
●同じ高さの目線	●上から目線
●自然なアイコンタクト	●凝視する／まったく視線を合わせない
●礼儀正しい姿勢	●だらけた姿勢／緊張した姿勢
●丁寧な立ち居振る舞い	●がさつな振る舞い／雑なしぐさ
●落ち着いた動作	●慌ただしい動作

アイコンタクトとは、視線と視線を合わせることであり、非言語によるコミュニケーションの代表的な手段です。常に相手をじっと見つめているよりも、適度に視線を合わせたり、そらせたりするほうが自然でよいでしょう。

キーワード　**傾聴、うなずき**

傾聴は最強のポジティブ・ストローク

話に耳を傾けよう

相手の存在を大切に想うことが基本

　相手の話に熱心に耳を傾ける**傾聴**には、その人の存在を承認する大きな力があります。
　話を聴くことは、話し手である相手のために自分の時間を提供することです。その人のために快く自分の時間を提供する、そのこと自体が相手へのポジティブ・ストロークです。さらに、相手のペースに合わせて、熱心に話を聴こうとする行為は、「あなたのことを尊重しています」というメッセージを伝えます。
　相手の存在を大切に想うことが、上手に傾聴するための基本とも言えるでしょう。

承認欲求を充足する“うなずき”

　傾聴するときには、2つのスキルが同時に求められます。1つは、情報を処理するスキルです。頭の中で話の要点を整理したり、得た情報を統合させたりしながら、話し手が伝えようとしていることを理解します。もう1つは聴こうとする熱意を表現するスキルです。話の内容や話に伴う感情を理解しようとするだけではなく、熱心に耳を傾けていることを相手に表現することが必要です。
　相手の言ったことにしっかりとうなずき、それを繰り返すと、話し手の発言が増加することがわかっています。**うなずき**には、話し手の「受け入れてほしい」「認めてもらいたい」という承認欲求を満たす効果があるのです。
　うなずきは会話の中で自然に行われている非言語的な反応ですが、意識して行えば、効果的な傾聴のスキルであり、すぐに実践することのできる承認のスキルでもあります。

傾聴のための2つのスキル

情報を処理するスキル
・話している内容の把握
・話に伴う感情への理解

聴こうとする熱意を表現するスキル
・うなずき／あいづち
・表情／アイコンタクト
・身体の向きや姿勢

効果的に傾聴するためには、2つのスキルが同時並行的に求められます。

相手の存在を「承認する聴き方」と「承認しない聴き方」

相手の存在を承認する聴き方

- 相手の言ったことにうなずく
- 相手のペースで、話を遮らずに聴く
- 少しだけ相手のほうに身体を傾けて聴く
- 「そうですね」と話をそのまま受けとめる
- 相手の気持ちに理解を示し、共感する

相手の存在を承認しない聴き方

- 「それで？　だから？」と自分のペースで聴く
- 話を遮って、「私だったら」などと意見・助言する
- 無表情で、反応を示さない
- 心ここにあらず、うわの空で聴く
- 不自然なあいづちで、聞き流す
- 椅子にもたれて、ふんぞり返る姿勢で聴く
- 「でも」「だけど」などとすぐに否定、反論する

キーワード　**沈黙**

相手を待つことは、相手を尊重すること

待ってみよう

その人が必要とする時間を保証

相手が必要とする時間を保証し、穏やかに待つことも承認です。

援助の対象者のなかには、思うように身体が動かず、行動のスピードが遅くなっている人もいます。相手を待つことができずに援助職がイライラしてしまったり、「早くしてください」などとプレッシャーをかけたりすると、相手を焦らせてしまうでしょう。無理に早く動いてもらおうとするのは大変危険な行為であり、その人の自尊心を傷つけてしまう行為でもあります。

援助の現場では、その人のペースに合わせてかかわることが大切です。プレッシャーをかけずに、穏やかに待ちましょう。必要な時間を保証されてこそ、相手は「自分が大切にされている」と感じ取ることができるのです。

黙って待つことも承認

時間の保証が必要なのは、行動するときだけとは限りません。考えるために時間が必要な人もいるでしょう。難しい選択や意思決定の場面では、すぐに結論が出せないこともあります。また、自己表現が苦手な人は、頭の中で言葉を選ぶ時間が必要なこともあるでしょう。このような場面で、援助職が「何か役に立つことを助言しなければ」と焦ってしまうと、自分が話し手になって一方的に意見してしまいがちです。

コミュニケーションの技法として、相手の言葉を黙って待つことを**沈黙**といいます。援助職が意図的に沈黙を活用することによって、相手が考えるために必要な時間を保証するのです。

穏やかに待つ援助職の態度から「あなたのことを尊重しています」というメッセージが伝わると、相手は安心して思考を深めることができるでしょう。

相手の存在を「承認するかかわり方」と「承認しないかかわり方」

相手の存在を承認するかかわり方

- 相手の行動のペースに合わせる
- 相手の考える時間を保証する
- 相手の選択／意思決定を待つ
- 穏やかに、相手の言葉を待つ

相手の存在を承認しないかかわり方

- 相手を待つ間、イライラする
- 「早くしてください」とプレッシャーをかける
- 意見したり、助言したりして一方的に話す
- せっかちで性急な態度で言葉を促す
- 矢継ぎ早に質問する

スキルアップ

上手に待つポイントは非言語

沈黙の技法を使うときは、相手にプレッシャーをかけないように、表情、視線、動作・姿勢などの非言語に配慮が必要です。発言を控えて沈黙を共有しているつもりでも、援助職のけげんそうな表情や、落ち着きのない動作・姿勢などが、相手にはプレッシャーになることもあるからです。落ち着いた姿勢と穏やかな表情、自然なアイコンタクトで相手の言葉を待ちましょう。「ゆっくり考えていいですよ」と、柔らかい口調で声がけするのもよいでしょう。

ストロークは心の栄養

交流分析を創始したアメリカの精神科医バーン（Berne, E.）は、「人が他者と関わるのはストロークを求めているから」と言っています。私たちには、ストロークが必要です。なぜならストロークは、人が生きていくために必要な心の栄養だからです。

援助の対象者に対して、笑顔で「おはようございます」と挨拶する、「具合はいかがですか」と体調を気づかうなどの行為は、援助の現場での日常的なかかわりと言えるでしょう。援助職は、無意識のうちに多くのストロークを送っているのです。

ところが、業務に追われていたり、気持ちに余裕がなくなっていたりすると、援助の対象者に十分なストロークを投げかけることができません。

私たちはストロークがもらえない状態になると、ストロークを受け取るために、わざと気を引くようなことを言ったり、したりすることがあります。無視されるぐらいなら、「ネガティブ・ストロークでもいいからほしい」という心理が働くこともあるのです。

「ちゃんと対応してくれない」などと文句を言ったり、困らせるようなことをわざとしたりする人は、ストローク不足なのかもしれません。

第3章

相手の強みを承認する方法

強みとは、その人が得意としていることだけを意味しているのではありません。
本来その人が持っているもの、その人がやっていること、その人らしさをつくっているもの、
すべてその人の強みなのです。
第3章では、相手の強みを承認する6つの方法を紹介します。

方法1
結果をそのまま伝えよう

方法2
具体的な行動を伝えよう

方法3
気持ちを伝えよう

方法4
褒めてみよう

方法5
任せてみよう

方法6
一緒に喜ぼう

キーワード　結果承認、All or Nothing思考、シェーピング法

「目標が達成できましたね」

結果をそのまま伝えよう

評価は加えずに、結果を承認する

その人が出した良い結果（成果）に対する承認のことを、**結果承認（成果承認）**といいます。「目標が達成できて、すごいですね」などと褒めなくても、結果を事実として「目標が達成できましたね」と伝えてみましょう。その人が出した結果に評価を加えず、事実としてそのまま共有します。

良い結果が得られると、それだけでも嬉しいものですが、誰かと共有できることで喜びの感情は倍増するでしょう。結果承認は、「良い結果を出すことができた」「成し遂げることができた」という達成感や充実感をもたらし、その人の自己肯定感を高めるのです。

何を成果と捉えるかが重要

結果承認では、何を成果と捉えるかも重要なポイントです。100点満点ではなくても、達成できたことや上手くいったことは、その人の努力の結果として承認しましょう。

All or Nothing（全か無か）思考の傾向が強い人は、100点満点を求めて努力する一方で、理想通りの結果が得られなかったときには「ダメだった」「ぜんぜん上手くいかなかった」「失敗だ」などと捉えてしまいがちです。それが80％達成できていたとしても、100％でなければ0点と捉えてしまうのです。80％できていれば、けっして0点ではありません。「目標の達成まであと一歩、というところまで到達できましたね」などと承認することで、相手は「自分のやったことのすべてがダメではなかった」と認識することができます。

ステップ・バイ・ステップで最終目標へと近づけていく**シェーピング法**を活用するときも、ステップごとの結果承認は欠かせません。今いる段階での結果をしっかりと承認することが、その人の自己肯定感を高めて、次の段階にチャレンジする動機づけになるのです。

シェーピング法

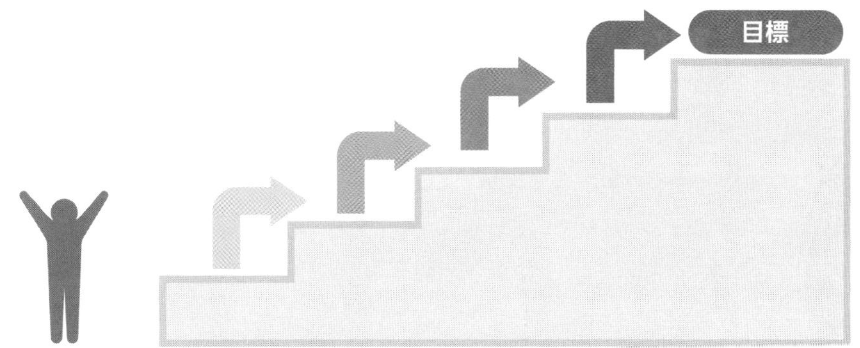

シェーピング法とは、ステップ・バイ・ステップで最終目標へと次第に近づけていく強化法のことです。ある行動に望ましい結果が伴えば、その行動は繰り返される、というオペラント条件づけの強化の原理を活用した方法です。

オペラント条件づけの2つの原理

❶ 強化の原理

**行動することで 望ましい結果 が得られると、
その行動は 繰り返される**

行動 → 望ましい結果 → 行動が強化

❷ 弱化の原理

**行動することで 望ましくない結果 が得られると
その行動は 繰り返されなくなる**

行動 → 望ましくない結果 → 行動が弱化

援助の対象者への承認

「目標が達成できましたね」
「見事な出来栄えです」
「満足な結果が得られましたね」
「最後まで無事終了しましたね」
「素晴らしい成果だと思います」

部下・後輩、同僚への承認

「ついに目標達成だね」
「今回は100満点ですね」
「まったく問題なし、完璧ですね」
「合格、おめでとう」
「高評価でしたね」

スキルアップ

達成度を質問してみる

All or Nothing（全か無か）思考の傾向が強い人には、**スケーリング・クエスチョン**を使って質問するとよいでしょう。スケーリング・クエスチョンとは、「まったくできなかった状態を 0、よくできた状態を 10 としたら、今はいくつですか？」などと尋ねて、具体的な数値で相手に回答してもらう質問のことです。
例えば、「自分にとって完璧な状態が 100 点満点だとしたら、今回は何点だったと思いますか？」などと尋ねてみましょう。「80 点ぐらいかな」などの回答が得られたら、「満点まであと一歩だったのですね」と承認します。「30 点です」などと評価が低めだったときには、「0 点ではなく、30 点だったのは何ができたからですか？」と確かめて、できたことを承認しましょう。

強みの承認は警戒心を解くテクニック

面談では、相手が心配していることや困っていることなどを尋ねる前に、その人の強みを承認するとよいでしょう。その人の強みを承認するのは、相手の警戒心を解くためのテクニックです。

援助の対象者に対しては、相手の緊張をほぐしてから本題に入るという手順を丁寧に行っていても、部下・後輩との面談になると、「最近どうですか？　上手くいっていないことはない？」などの質問からスタートしがちです。上手くいっていないことや、その人ができていないことなどの確認から始めようとすると、相手の警戒心を強くしてしまいます。「上手くいっていないことを正直に話したら、叱られるのではないか」「自分ができていないことを責められるのではないか」と不安になって、その職員は萎縮してしまうでしょう。

まずは、日頃の業務の中で十分にできていると思われること、つまり評価できることについて承認します。相手に「自分自身で評価できるのはどのようなところ？」などと尋ねて、本人に自身の強みを考えてもらうのもよいでしょう。その強みをしっかりと承認してから、業務の中で上手くいっていないことを質問すると、相手は答えやすくなるのです。

あなたに不足しているスキルは？
今、苦手に感じている業務は？
最近、上手くいっていないことは？
できていないことを
責められているのかな…

キーワード　行動承認

「毎日、続けているのですね」

具体的な行動を伝えよう

よく観察して、具体的に伝える

その人の行動を、そのまま具体的に伝えるのが**行動承認**です。

結果承認では相手が出した結果を事実としてそのまま伝えますが、行動承認では見たままの行動を言葉で伝えることで承認します。

普段から相手を観察していると、その人ならではの行動に気づくことができます。その行動を承認すると、相手は「自分のやっていることを、わかっていてくれた」と嬉しい気持ちになり、ちゃんと自分を見てくれているあなたに信頼を感じるでしょう。同時に、あなたの目に映った自分の行動を知ることで、相手は、日頃の自身の行動を振り返る機会にもなるのです。

できて当たり前と思わない

相手の行動を観察していると、「それは、やって当たり前」「そのくらいのことはできて当然」などと思うこともあるでしょう。私たちは、つい自分と同じ基準で他者を見てしまいがちですが、行動を承認するときは、ただその人がどのような行動をしたのかを相手にフィードバックしましょう。「私なら、それぐらいは当たり前にできる」「私だったら、もっとやれる」などと、相手と自分とを比較する必要はありません。

例えば、日課にした運動を続けている人には、「毎日、続けているのですね」と見たままの行動を伝えます。日課なのだから続けることが当たり前であっても、毎日続けているという相手の行動を事実として伝えるのです。「毎日続けていて、えらいですね」などと承認すると、伝える側の評価が入るため、相手の受け取り方が変わってきます。期待に応える行動をしたときに与えられる承認は、条件付きのストローク（p.50）です。相手は、「援助職の期待に応える行動をしなければ、認めてもらえない」と思い込んでしまうかもしれません。

援助の対象者への承認

「すぐに行動に移してみたのですね」

「一生懸命に取り組まれたのですね」

「毎日、続けているのですね」

「私がお手伝いしなくても、ご自身でできるようになりましたね」

「今日はいつもより10分も早くできましたね」

「計画通り実行できましたね」

部下・後輩、同僚への承認

「毎朝、早いですね」

「電話の受け答えに慣れてきましたね」

「いい表情で対応していますね」

「その報告書、丁寧にまとまっているね」

「あなたの記録はとても読みやすい」

「機転が利くね」

些細なことであっても、その人ならではの行動に気づいたら、言葉で伝えましょう。
その人の行動を承認することで、「あなたに関心を持って、見守っています」というメッセージが伝わります。

キーワード **Iメッセージ、YOUメッセージ、WEメッセージ**

「あなたの一生懸命な姿に心を打たれました」

気持ちを伝えよう

自分の気持ちを伝えるIメッセージ

「すごいなあ」と感心したことや、「いいなあ」と感じたことを言葉に出して、相手に伝えることも承認です。あなた自身の気持ちをそのまま、Iメッセージで伝えてみましょう。

Iメッセージとは、“私”を主語にする表現の方法です。「私は～と思います」「私は～と感じました」などと、自分が思ったこと、感じたこと、あるいは、影響を受けたことなどを伝えます。「あなたの一生懸命な姿に心を打たれました」「○○さんのように、私も頑張ろうと思います」のように、自分の気持ちを素直に表現しましょう。「あなたは、私によい影響を与えています」というメッセージが伝わり、相手は自身の存在価値を確認することができるのです。

直接的に褒められることが苦手な相手にも、あなたの個人的な感想であれば、快く受け入れてもらえるでしょう。

一体感をつくるWEメッセージ

主語の“私”を、“私たち”に替えると、WEメッセージになります。**WEメッセージ**は、私たちのほかにも、みんな、我々、職員一同など、複数の人が主語になる言い方です。

「○○さんが達成できて、職員全員とても喜んでいます」「○○さんの笑顔に、皆さん和まれていましたよ」などとWEメッセージで伝えると、Iメッセージよりインパクトの強い表現になります。

組織やチーム全体を承認するときは、WEメッセージで伝えるとよいでしょう。「私たち、とても頑張りましたよね」と“私たち”という主語を使うことで、その場にWe Feeling（われわれ感情）が生まれて、一体感を得ることができます。

相手に対する評価を伝えるYOUメッセージ

YOUメッセージは“あなた”を主語にして、「あなたは～です」と相手に対する評価や判断を直接的に伝えます。「あなたは」を省略して、「すごいですね」「えらいですね」などと伝える場合もありますが、これらの言葉もYOUメッセージです。

YOUメッセージはストレートな表現だからこそ、「すごいですね」などと言われると、「いえいえ、とんでもない」などと相手が謙遜してしまい素直に受け入れてもらえないこともあります。

3つのメッセージ

メッセージ	主語	特徴
I メッセージ	私	・自分がどう感じたか、どう影響を受けたのかを伝える ・個人的な感想として伝わるため、相手に受け入れられやすい
WE メッセージ	私たち みんな	・複数の人や集団がどう感じたか、どう影響を受けたのかを伝える ・Iメッセージよりインパクトが強くなる
YOU メッセージ	あなた	・自分の、相手に対する評価や判断を伝える ・その人がどのように見えているのかを直接的に伝えるため、相手によって、素直に受け入れてもらえない場合もある

相手に何を伝えたいかによって、3つの立場を使い分けてメッセージを選ぶと効果的！

援助の対象者への承認

I メッセージ

「あなたの一生懸命な姿に(私は)心を打たれました」

「○○さんのように、私も頑張ろうと思いました」

WE メッセージ

「○○さんが達成できて、職員全員とても喜んでいます」

「○○さんの笑顔に、皆さん和まれていましたよ」

YOU メッセージ

「(あなたは)とても努力されたのですね」

「(あなたは)ご立派ですね」

部下・後輩への承認

I メッセージ

「あなたが合格して、私は嬉しいです」

「あなたの学ぶ姿勢に、(私は)感心しています」

WE メッセージ

「あなたの頑張りは、チーム全員の励みになっています」

「あなたがいてくれて、みんな助かっていますよ」

YOU メッセージ

「あなたは優しい人ですね」

「(あなたは)頑張っていますね」

同僚への承認

I メッセージ

「あなたの優しさに、(私は)感謝しています」

「○○さんの提案、(私は)とてもいいと思うよ」

WE メッセージ

「私たちは、○○さんがいてくれるから頑張れる」

「あなたの活躍を、みんな喜んでいます」

YOU メッセージ

「(あなたは)頭の回転が早いんだね」

「(あなたは)笑顔が似合うね」

謙遜と謙虚

「あなたは優しい人ですね」とストレートに言われると、「そんなことないです」「いえいえ、とんでもない」などと、否定する人は少なくありません。言われて嬉しい言葉のはずなのに、どうして否定してしまうのでしょうか。

否定する人のなかには、その言葉に何か下心があるのではと警戒する人や、自分のことをからかっているのかなと疑心を抱く人のほかに、褒められると不安になって謙遜してしまう人もいます。

私たちは自分のことを認めてくれたり、褒めてくれたりした人に、応えたいという気持ちを持ちます。その一方で、その人の期待に応えられるほどの自信がないと、不安になったり、プレッシャーを感じたりして、つい謙遜してしまうのです。

謙遜とは、自分の能力や価値などを低く評価することです。評価を低めようとしなくても、相手の言葉を**謙虚**に、つまり素直に受け入れ、その人に感謝の気持ちを表現してみましょう。きっと相手も、「伝えてよかった」と喜んでくれるはずです。

キーワード　**ウィンザー効果**

「お上手ですね」

褒めてみよう

褒め言葉は、人をポジティブにする

相手を褒めるという行為は、最もストレートな承認です。

褒めるとは、その人を肯定的に評価することです。「お上手ですね」「さすがですね」などと褒め言葉を伝えて、相手の強みを承認しましょう。

多くの心理学的な研究から、褒め言葉にはその人の気持ちを前向きにして、意欲を高める効果があることが報告されています。“褒めて育てる”“褒めて伸ばす”という表現の通り、褒め言葉には、人をポジティブにする力があるのです。

「すごいですね」だけでは不十分

「すごいですね」「いいね」などは、誰に対しても投げかけられる便利な賞賛の言葉ですが、これだけでは単なる社交辞令に聞こえてしまいます。

ただ漠然と「すごいですね」と褒めるより、「すごい特技ですね」「○○できるなんて、すごいですね」などと、何がすごいのかを具体的に伝えましょう。何を「すごい」と褒めているのかが伝わると、相手は自身の強みを認識することができます。その人にとって意外なことであれば、新たな気づきにもなるでしょう。

“私は”を主語にしたIメッセージで、「○○できるなんて、うらやましいです」などと個人的な感想を伝えたり、他者からの肯定的な評価を教えたりするのもよい方法です。「○○さんは忙しくてもお子さんとの時間を大切にしていて、素敵なお母さんだって、他の職員も感心していました」「ご家族が、あなたの対応は素晴らしいって仰っていましたよ」などと伝えると、間接的に相手を褒めることができます。

実は、直接的な情報よりも、第三者から間接的に伝わる情報のほうが、信頼性が高くなることがわかっており、これを**ウィンザー効果**といいます。

“お世辞を言う”と“褒める”は違う

褒めることの有用性を理解していても、実践しようとすると「お世辞を言っていると誤解されるのでは？」と心配になり、褒めることを躊躇してしまう人もいるでしょう。

お世辞を言ったり、おだてたりすることと、褒めることは同じ行為のように思われがちですが、その行為をする側がどのような意図をもっているのかに違いがあります。

“お世辞を言う”とはその人が喜ぶような言葉や、気に入るような口ぶりで相手の機嫌を取る行為のことで、「おべっかを使う」「媚びを売る」「ゴマをする」などと言い換えることもできるでしょう。“おだてる”とはその人が嬉しがることを言って、相手を得意にさせて、その気にさせることです。

褒めることの目的は相手の強みを承認することですが、お世辞を言ったり、おだてたりする行為には、相手をよい気分にさせて、思い通りに動いてもらおうとする意図があるのです。

上手に褒めるための3つの方法

方法1 具体的に褒める

「すごい特技ですね」

「○○できるなんて、すごいですね」

方法2 Iメッセージで褒める

「○○できるなんて、すごいなって思いました」

「私はよく似合っていると思います」

方法3 間接的に褒める

「ご家族が、あなたの対応は素晴らしいって仰っていましたよ」

「施設長が、よく頑張っているって褒めていましたよ」

援助の対象者への承認

「○○がお上手ですね」

「髪型を変えたのですね、とてもお似合いです」

「○○について、よくご存じなんですね」

部下・後輩への承認

「堂々としていて、とってもよかったですよ」

「そのアイデアは面白くて、いいですね」

「ご利用者が、あなたはよく気がつく人だって褒めていましたよ」

同僚への承認

「○○さんがすると、やっぱり違うよね」

「資格を取得したんだって？　すごいね」

「○○さんは、教え方が本当に上手ですね」

スキルアップ

目上の人への承認

年齢や立場がはるかに上の人に対して、「すごいですね」「えらいですね」などの褒め言葉を使うと、軽い言い方に聞こえてしまうでしょう。質問を上手に使うと、間接的に相手を褒めることができます。

「どうしたら、そんなに上手くできるのですか？」

「そのスキルを身につけるために、どのような努力をされたのですか？」

「上手にできるようになるためのコツって何ですか？」

「○○さんのように早くできるようなるためのアドバイスをいただけますか？」

努力を褒めて伸ばす

“褒めて伸ばす”ためには、実は、何を褒めるのかがとても重要です。

アメリカの教育心理学者ドゥエック（Dweck, C.）は、“褒めて伸ばす”ために何を褒めるべきなのかを、子どもを被験者にした実験で検証しています。

実験では、子どもたちに2回テストを受けてもらいました。1回目のテストを受けた後、2種類の方法で子どもたちを褒めて、その褒め方の違いが2回目のテストにどのような影響を与えたのかを検証したのです。

1回目のテストの後、Aグループの子どもたちには「頭がいいのね」と能力を褒めて、Bグループの子どもたちには「頑張ったのね」と努力を褒めました。そして、子どもたちに2回目にチャレンジする問題のレベルを選択させたのです。

Aグループでは、1回目と同じレベルの問題を選択した子どもが多かったのに対して、Bグループでは、子どもたちの9割がより難しい問題にチャレンジすることを選択しました。つまり、何を褒めたのかが、子どもの意欲と行動に大きな違いを生んだのです。

この結果から、その人の能力より、努力を承認することの大切さがわかります。“褒めて伸ばす”という言葉は、“努力を褒めて伸ばす”と表現したほうが適切なのかもしれません。

＜能力を褒められたAグループ＞

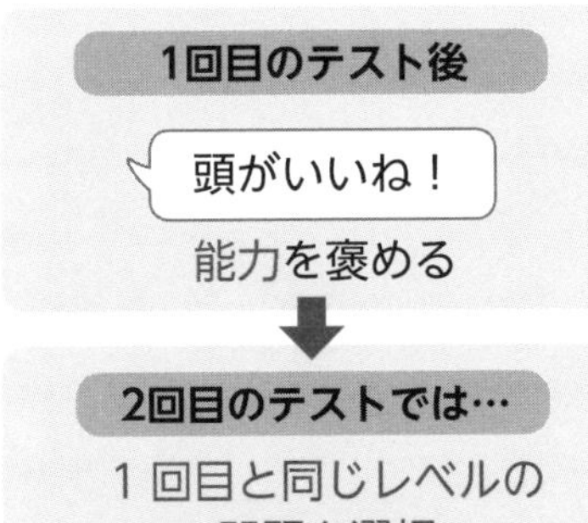

＜努力を褒められたBグループ＞

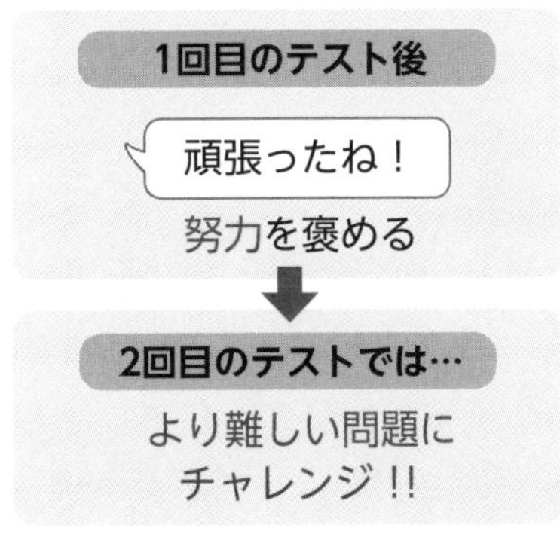

キーワード　自立度に応じた承認、ピグマリオン効果

「お願いしてもよろしいですか」
任せてみよう

任せることは、その人を信じること

任せるという行為は、褒め言葉以上に力強い承認です。任せるという行為は、その人の能力（知識や技術など）や経験、あるいはその人のものごとに向き合う姿勢などを肯定的に評価している証だからです。その人に何かを任せることで、「私は、あなたを信じています」「あなたには、それをする力があると思っています」というメッセージが効果的に伝わるでしょう。

私たちは、自分を信頼してくれる人に応えよう、応えたいという気持ちを抱きます。その前向きな気持ちが、任せられたことをやり遂げようとする意欲を高めるのです。

何を、どこまで任せるのかを見極める

最初から難易度の高いことを任せようとすれば、それは、相手の負担になるだけです。相手は、「こんな難しいことをやれと言われて、私はどうしたらいいのだろう」とプレッシャーを感じたり、「わざと難しいことを任せて、自分を試そうとしているのかな」と疑心暗鬼になったりするかもしれません。

その人に何を、どこまで任せるのかを、よく見極めることが大切です。

援助の対象者であれば、まず、その人が自信を持ってできることから任せてみましょう。それをするか、それともしないかを自分で判断してもらえるように、「お願いしてもよろしいですか」「ご自身でやっていただいても、よろしいでしょうか」などの依頼形で言葉をかけるとよいでしょう。自分に任されたことがちゃんとできた、という成功体験が、次のチャレンジへの動機づけになります。1つひとつ本人に任せることを増やしていくことが自立支援にもつながるのです。

存在の承認から、任せる承認へ

部下・後輩に対しては、その職員の**自立度に応じた承認**が求められます。

入職したばかりの職員に、すぐに業務を任せようとしても時期尚早でしょう。知識や技術、経験が十分でない職員の場合、任された業務において、不適切な判断や行動をとってしまうかもしれません。自立度が低いときには、まず、組織の一員、チームの一員としての存在を承認することから始めます。「あなたは大切なチームの一員です」というメッセージを投げかけましょう。帰属意識を抱くことができれば、「このチームに自分も貢献したい」という気持ちになり、「この職場で頑張ろう」という意欲も高まるのです。

一方で、業務を遂行するために必要な知識や技術、経験のある職員には、そのスキルやキャリアに見合った業務を任せて、本人の主体性を支援するとよいでしょう。

職員の自立度に応じた承認

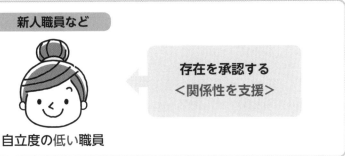

新人職員など

存在を承認する
<関係性を支援>

自立度の低い職員

援助の対象者への承認

<自分でやってもらう>

「ご自分で上手にできているので、お任せしてもよろしいですか」

<役割を担当してもらう>

「○○さんだからこそ、この役割をお願いしたいのですが、いかがでしょうか？」

<選択・決定の機会を増やす>

「どうなさいますか？　○○さんが決めたことなら、喜んで応援します」

部下・後輩への承認

「このケースの担当は、○○さんにぜひお願いしたいと思います」

「私がフォローするから、最後までやってみますか？」

「あなたの提案通りに、やってみて」

「もう、○○さんに任せて大丈夫ですね」

同僚への承認

「○○さんが担当してくれるなら心強いです」

「○○さんになら、安心してお任せできます」

「○○さんの判断を信頼してるよ」

「頼りにしているからね」

任せたら、温かく見守り、結果を待ってみることも大切です。すぐに口を出したり、手を出したりして干渉するのは逆効果になるので注意しましょう。

スキルアップ

任せた後も承認しよう

「さすがお上手ですね。お任せしてよかったです」「あなたに任せてよかった」などの言葉をかけて、任せた後も承認しましょう。
「大変でしたね」「お疲れさまでした」などの労いの言葉や、「助かりました」「引き受けてもらえて本当によかったです」などの感謝の言葉もよいでしょう。
改善が必要と思われることがある場合も、まず、できたこと、努力したことを承認することが大切です。それから、改善点を指摘したり、助言したりするとよいでしょう。自分を認めてくれた人の言葉には、耳を傾けたくなるはずです。

ピグマリオン効果

相手に期待をすると、その期待が実現することを**ピグマリオン効果**といいます。アメリカの教育心理学者ローゼンタール（Rosenthal, R.）は、教師が期待をかけた生徒と、期待をかけなかった生徒の成績の伸びを比較しました。教師には、どちらの生徒にも同じように対応することを求めましたが、比較の結果、期待をかけた生徒のほうが高い伸び率を示したのです。

その理由についてローゼンタールは、相手に抱いた期待は、無意識のうちに声や表情、態度によって、その人に伝わると考えました。同じように対応しているつもりでも、「この生徒はきっとできる」という教師の期待が相手に伝わり、その生徒の意欲を高めたのかもしれません。援助の現場でも、ぜひ活用したい効果です。

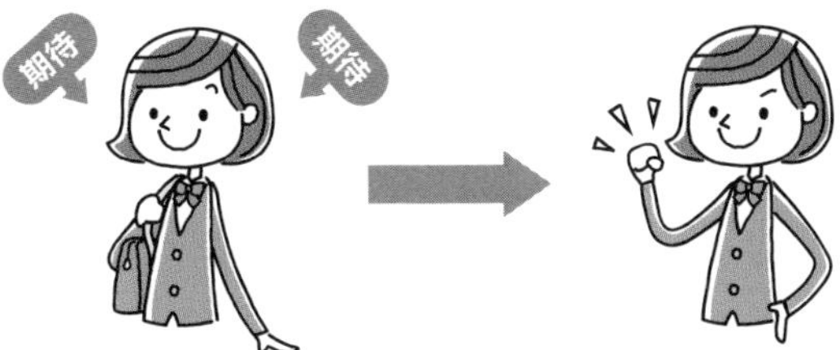

キーワード　共感、反芻、逆説的効果

「よかったですね」

一緒に喜ぼう

共感することも承認

相手が何かを成し遂げたとき、「よかったですね」「やったね」などと讃えて、その人と一緒に喜ぶことも承認です。一緒に喜ぶという行為によって、相手が抱いた感情と、その感情をもたらした出来事を肯定的に認めることができます。

あなたが無反応だったり、「そうですか」などと冷静に反応したりすると「そんなことは喜ぶようなことではない」というメッセージが伝わってしまいます。相手は自分の感情だけではなく、その感情をもたらした出来事も否定されたと思うでしょう。

相手の感情を、自分のことのように感じて、その感情に寄り添うことを**共感**といいます。相手が喜びの感情を抱いているのであれば、その喜びを共に感じていることを言語・準言語・非言語のすべてで表現しましょう。

喜びは35時間持続する

喜びは、ポジティブ感情のなかで一番長く持続することがわかっています。

感情の持続時間を調査したヴァーダイン（Verduyn, P.）とラブリセン（Lavrijsen, S.）は、私たちが抱く感情にはすぐに消え去るものもあれば、長く持続するものもあることを明らかにしました。感情の持続時間は一律ではないのです。

ポジティブな感情のなかで最も持続時間が長かったのが“喜び”でした。“感動”は2.5時間、“安心”は8時間で消えてしまうのに対して、“満足”や“希望”は24時間、つまり1日持続します。喜びはそれよりも長く、35時間も持続するのです。誰かが共感してくれることでその人の喜びが強化されると、ポジティブな感情でいられる期間がさらに長くなるかもしれません。

ポジティブ感情の持続時間

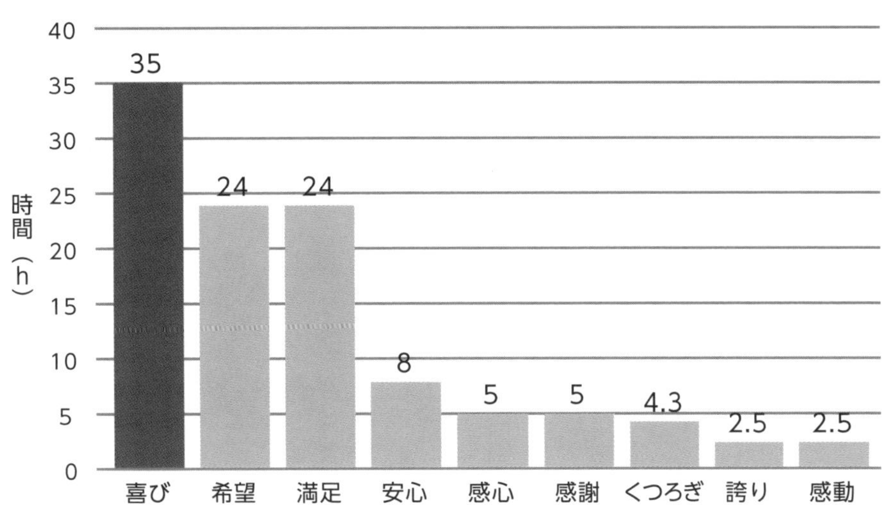

ネガティブ感情を長引かせる反芻

ヴァーダインとラブリセンの調査では、ポジティブ感情より、「悲しみ」「憎しみ」などのネガティブ感情のほうが長い時間持続することもわかりました。

多くの心理学的研究から、ネガティブな出来事を思い出したり、考えたりして反芻することは、ネガティブ感情を持続させる要因であることが指摘されています。**反芻**（すう）とは、物事を何度も繰り返し考え続けることを言います。

そうかと言って、その出来事に関する思考を無理に抑制しようとすると**逆説的効果**が生じます。つまり、「考えないようにしよう」と思うことで、余計にその出来事を思い出してしまい、ネガティブ感情を持続させてしまうことになるのです。

喜びを表現する言葉

＜よいことがあったとき＞

「嬉しい体験でしたね」「やったね！」

＜取り組んだことが上手くできたとき＞

「上手くいってよかったですね。私も嬉しいです」

＜目標を達成したとき＞

「目標が達成できて、私たちも喜んでいます」「目標の達成、おめでとう！」

＜問題が解決したとき＞

「解決できて、ほっとしましたね」「本当によかったね」

喜びを表現する非言語

- 喜びの表情
- 大きくうなずく
- 拍手
- ガッツポーズ
- バンザイ

一緒に喜んでいるつもりでも、つい「やればできるじゃないですか。最初からその調子でやってくれればよかったのに」などと言わないように注意しましょう。言われた側は、チクリと攻撃されたように感じてしまい、素直に喜ぶことができません。

第4章

相手を勇気づける方法

誰にでも“強み”は必ずあります。
とは言え、困難に直面すると、その人の強みが十分に発揮できなくなることもあります。
勇気づけとは、その人が本来持っている強みを引き出し、
困難を克服できるように支援することです。
第4章では、相手を勇気づけるための5つの方法を紹介します。

方法1
変化を伝えよう

方法2
質問してみよう

方法3
リフレーミングしてみよう

方法4
感謝の言葉を伝えよう

方法5
応援していることを伝えよう

キーワード　勇気、勇気づけ、アドラー心理学、外発的・内発的動機づけ

困難に向き合う力を応援する

アドラー心理学の勇気づけ

“褒める”と“勇気づける”

勇気づけとは、心理学者アドラー（Adler, A.）が提唱した概念です。

アドラーは、人が困難を克服する力を**勇気**と表現し、その勇気を補充することを**勇気づけ**と呼びました。一般的に、“勇気づける”という言葉には、“励ます”“元気づける”、あるいは“褒めて応援する”などの意味がありますが、アドラーは勇気づけることと、褒めることを区別しています。

仕事において褒めることの目的は、“褒めて育てる”“褒めて伸ばす”などと言われるように、相手の強みや優れていることを承認して、その人の成長を促すことです。一方で、勇気づけることの目的は、その人が直面している困難に自ら向き合い、その困難を克服できるように支援することなのです。

勇気づけは“横からの目線”で

勇気づけは、その人を尊重する気持ちが基本です。

そのためには、勇気づける人と勇気づけられる人の関係が対等であることが求められるでしょう。援助の対象者に対してはもちろんですが、職務上の役割関係（上下関係）がある部下・後輩に対しても、同じ目の高さで勇気づけることが大切です。“上から目線”で相手を評価するような態度では、相手を尊重している気持ちは伝わりません。

勇気づけるときは“横からの目線”を意識して、その人に対する気持ちや感謝の言葉を伝えたり、一緒に喜びを分かち合ったりするとよいでしょう。いつも自分のことを見守っていてくれて、共にあろうとしてくれる人の存在は、援助の対象者にとっても、職場の部下・後輩にとっても、大きな心の支えになるはずです。

“褒める”と“勇気づける”

	褒める	勇気づける
目的	強みや優れていることを承認して、その人の成長を促す	その人が直面している困難に自ら向き合い、その困難を克服できるように支援する
実践方法	褒め言葉を伝える、賞賛する	感謝する、気持ちを伝える、共感する（一緒に喜ぶ）
関係性	上からの目線になりがちなので、褒める人と褒められる人の間に、上下関係を感じることもある	同じ高さの目線でかかわるので、勇気づけする人と勇気づけられる人が対等な関係を実感できる
ストローク	褒めるためには条件（優れていることやよい結果など）が必要 **条件つきのポジティブ・ストローク**	勇気づけるために条件は不要 **無条件のポジティブ・ストローク**
動機づけ	「褒められたいからやる」という報酬による動機づけになりやすい **外発的動機づけ**	「自分がやりたいからやる」という報酬に依存しない動機づけになる **内発的動機づけ**
特徴	・褒め続ける必要が出てくる ・“褒めてもらえること”しかやらなくなるリスクもある	勇気づけられた人は、自分で自分を勇気づけられるようになる

“褒める”と“勇気づける”の共通点

前ページの表に示したように、それぞれの目的や実践方法には違いが見られますが、“褒める”と“勇気づける”を明確に区別できないときもあります。なぜなら、褒めるという行為には、上手な褒め方と下手な褒め方があるからです。

褒められた相手が素直に嬉しさを感じて、心が温かくなったり、やる気が高まってきたりすれば、それは上手な褒め方と言えるでしょう。上手に褒めることで、結果的に相手を勇気づけることもあります。

その一方で、褒め方が下手だと、相手にネガティブな影響を与えてしまう恐れもあります。例えば、「よくできました」「いいと思いますよ」などの言い方では、相手は、上からの目線で評価されたと感じるでしょう。「いや～立派、立派、たいしたもんですよ」などの過剰で大げさな褒め方では、相手はからかわれているように感じるかもしれません。

上手に褒めるためには、勇気づけと同様に、その人を尊重する気持ちが何よりも大切なのです。

勇気づけは無条件のポジティブ・ストローク

勇気づけは、援助の現場で積極的に活用したい承認です。

なぜなら、褒めるためには条件（優れていることや良い結果など）が必要ですが、勇気づけるために求められる条件はないからです。その人の強みが十分に発揮できていないときや、期待していることを成し遂げられなかったときは、相手を褒めたり、賞賛したりすることはできません。そのような場面では、相手を勇気づける方法が役に立ちます。相手の行動が期待に通りでなくても、あるいは相手が何も成し遂げていなくても、勇気づけなら可能だからです。

また、勇気づけは、内発的動機づけを可能にします。**内発的動機づけ**とは、賞罰に頼らない動機づけのことです。それをやること自体に楽しさや興味・関心がある場合、誰かから言われなくても、私たちは自分の意志で行動を起こすでしょう。

それに対して、「褒められたいから（あるいは、怒られたくないから）やる」などの賞罰によるものを**外発的動機づけ**といいます。賞罰による動機づけは、行動を起こすきっかけになることが多いでしょう。実際に行動してみたら、やっているうちに楽しさや面白さを感じて、内発的動機づけへと移行することも少なくありません。その一方で、外発的に動機づけられることのリスクとして、「褒められそうなことだけをやる」「怒られないならやらない」などと賞罰への依存を起こすこともあります。

言うまでもなく、「自分がやりたいからやる」あるいは「自分がそれをすることを決めたからやる」という内発的動機づけのほうが強いモチベーションを維持することができるのです。

こんな褒め方は要注意！

褒めているつもりの表現		実は……
「よくできました」	➡	上から目線
「すごいですね」	➡	漠然としている
「このなかで一番上手ですね」	➡	集団を順位づけしている
「○○さんより早くできましたよ」	➡	他の人と比較している
「他の人には、きっとできないでしょうね」	➡	周囲を下げている
「いや～立派、立派、たいしたもんですよ」	➡	過剰で大げさ

援助の対象者への承認

「理由がわかって、ほっとしましたね」と共感する

「○○さんの努力する姿にいつも励まされています」と感想を伝える

「○○さんのお気持ちに、私たちは感謝しています」と感謝を伝える

部下・後輩、同僚への承認

「ご利用者が笑顔になってくれて、嬉しいね」と一緒に喜ぶ

「努力しているあなたを見て、私も頑張ろうって思った」と感想を伝える

「準備してくれて、ありがとう」と感謝を伝える

相手が、自分や自分の行動に自信を持つことができるような言葉で、その人の勇気を補充しましょう。

アドラー心理学

アドラー（Adler, A.）は、精神分析学の創始者フロイト（Freud, S.）や分析心理学の創始者ユング（Jung, C.）とともに、心理学の3大巨頭の一人と言われています。

アドラーは個人心理学を創設しましたが、一般的にアドラーが提唱した心理学のことを“アドラー心理学”と呼びます。アドラー心理学は、多くの心理学者に影響を与えました。コーチングやNLP（神経言語プログラミング）など、近年注目されているコミュニケーション技術にもアドラーの影響が見受けられます。

アドラー心理学のなかで、勇気や勇気づけは重要な概念です。アドラーが提唱した以下の5つの理論は、勇気を手に入れるために必要な考え方と言えるでしょう。

アドラー心理学の5つの理論

目的論　**人間の行動には、その人特有の意思を伴う目的がある**
私たちは、人の行動を「なぜ？」という原因から捉えがちですが、アドラーは「何のために」という目的で考えることが大切としています。

自己決定性　**人間は、自分の行動を自分で決められる**
私たちは、自分で考えて選択したり、決定したりすることができます。どのような自分になりたいのか、どのような生き方をしたいのかも、決めるのは自分なのです。

認知論　**人間は、その人なりの意味づけを通して物事を把握する**
私たちは、物事や出来事を自分特有の視点から解釈しがちです。つまり、どのような捉え方をするのかは自分次第なのです。

全体論　**人間は、分割不能な存在である**
私たちの心と体を分けて考えることはできません。心のなかも同様に、理性と感情、意識と無意識は矛盾したり、対立したりするものではなく、その全体が自分と考えます。

対人関係論　**人間の行動は、すべて対人関係に影響する**
私たちが抱える問題は、すべて対人関係上の問題であると考えます。

キーワード　**成長承認、即時フィードバック、ソーシャル・サポート**

「笑顔でいるときが多くなりましたね」

変化を伝えよう

些細な変化も見逃さない

その人の変化や成長の過程をよく観察して、気づいたことを伝えるのが**成長承認**です。結果（成果）にかかわらず、そのプロセスにおいて望ましい変化が起これば、それを言葉に出して本人に伝えましょう。

自分が確かに成長している、少しずつでも変わっているという実感は、1人では得られにくいものです。人から承認されて初めて、自分の変化に気づくこともあるでしょう。

些細な変化も見逃さないことが、成長承認のコツです。「笑顔でいるときが多くなりましたね」「以前より手際がよくなったね」などと、あなたが気づいたことを伝えましょう。相手は、あなたが自分を気にかけてくれていることを知り、心強く感じるはずです。

変化に気づいたらすぐ承認

「結果が出てから承認すればよい」と考えてしまうと、結果がなかなか出せない人には承認することができません。すぐに結果を出すことができない人にこそ、モチベーションが低下しないように支援することが求められるのです。

望ましい変化に気づいたら、すぐに言葉に出して本人に伝えましょう。「今のやり方、これまでで一番よかったと思います」「今の○○さんへの対応、いい感じでしたよ」などと承認することが、その行動に対する肯定的なフィードバックになります。これを**即時フィードバック**といいます。

承認された相手はすぐに自分の行動を振り返り、それが適切であることを知ることができます。「今やったようにすればいいんだ」と、自分の行動と肯定的なフィードバックが結びつくことで、その行動が記憶に残りやすくなるのです。

成長承認するためのポイント

- プロセスに目を向ける
- 些細な変化も見逃さない
- すぐに言葉に出して伝える

援助の対象者への承認

「笑顔でいるときが多くなりましたね」

「スムーズに移動できるようになってきましたね」

「前回より、大きな声が出ていますね」

「今のやり方、これまでで一番よかったと思います」

部下・後輩、同僚への承認

「手際がよくなったね」

「前回の報告書より、読みやすくなりましたね」

「短時間でできるようになりましたね」

「今の○○さんへの対応、いい感じでしたよ」

望ましい変化に気づいたとき、すぐに言葉に出して伝えることで、記憶に残る肯定的なフィードバックとなります。

ソーシャル・サポートにもなる成長承認

私たちは、社会における人とのつながりのなかで、互いに助け合いながら生活しています。いつもはサポートする側の援助職も、困ったことがあれば、家族や友人に相談をして助言してもらったり、解決の手助けをしてもらったりすることもあるでしょう。このように、人と人との間でやりとりされる有形無形の支援のことを**ソーシャル・サポート**と言います。

ソーシャル・サポートは、大きく次の4つに分類することができます。心理的な支援をする“情緒的サポート”、必要な資源を提供する“道具的サポート”、必要な情報などを提供する“情報的サポート”、そして肯定的な評価を提供する“評価的サポート”です。

評価的サポートとして、その人の成長や肯定的な変化を承認することで、相手は、自分や自分のやっていることに自信を持つことができるようになります。自分が成長できているという実感と、その成長を認めてくれる人の存在は、その人がもっと成長したい、変化を成果として形にしたいという、モチベーションも高めるのです。

ソーシャル・サポートは職員にだって必要

ソーシャル・サポートが必要なのは、援助の対象者だけではありません。支援する側にいる援助職にも、周囲からの——つまり職場の上司･先輩、同僚からのソーシャル･サポートが必要です。

対人援助職は、常に自分の感情を吟味したり、コントロールしたりして、援助の対象者に働きかけることが求められます。「自分のやっていることは間違っていないだろうか」などと、不安や迷いを感じながら日々、業務を行っている援助職も少なくないでしょう。

また、相手と深くかかわり、共感的に寄り添うことによって生じる心理的な疲労が、対人援助職ならではのストレスになることが指摘されています。

部下・後輩への成長承認は、望ましい方向づけをするためのフィードバックであると同時に、ストレスケアのためのソーシャル・サポートでもあるのです。

ソーシャル・サポート

情緒的サポート	傾聴し、共感的に寄り添うなどの心理的支援
道具的サポート	金銭や場所、労力、サービスなどの資源を提供する
情報的サポート	必要な情報や知識を提供する
評価的サポート	肯定的な評価を提供する

ソーシャル・サポートには、望ましい行動を長続きさせたり、ストレス反応を低減させたりする効果があることがわかっています。

燃え尽き症候群（バーンアウト）

仕事に対する気力を失い、心身ともに疲れ果てた状態を燃え尽き症候群といいます。持続的なストレスと緊張が伴う一方で、努力の成果が現れにくい仕事や職業に就いた人に多く見られることが指摘されており、そのなかには対人援助職も含まれています。

そもそも、精神分析医フロイデンバーガー（Freudenberger, H.）が、強い使命感や責任感を持って仕事に取り組んでいたソーシャルワーカーたちが、燃え尽きたかのように仕事に対する意欲や関心を失っていく現象に注目したことから、バーンアウト（burnout）という言葉が用いられました。

援助の対象者と深くかかわり、誠実に対応することが求められる現場だからこそ、部下・後輩、同僚のストレスケアにも配慮が必要なのです。

キーワード　発問、好意の返報性、嫌悪の返報性

「○○さんの考えを教えていただけますか？」

質問してみよう

質問は、相手の存在を承認

援助職にとって、質問は、援助の対象者を知るための有効な手段です。アセスメントのための情報収集や、援助の対象者の意思確認などでは、質問して初めてわかることもあるでしょう。

同時に、質問は、人間関係を良好にするためのコミュニケーション技法でもあります。なぜなら、質問すること自体に、相手の存在を承認する効果があるからです。「○○さんの考えを教えていただけますか？」「あなたはどう思う？」などと質問することで、「あなたのことをもっと知りたい」「あなたの話をもっと聴きたい」というメッセージが相手に伝わります。意見を求めることが、相手の存在を承認している証になるのです。

考える機会を提供して、勇気づける

「○○さんの考えを教えていただけますか？」「あなたはどう思う？」という問いかけは、その人の存在を承認するだけではなく、相手を勇気づけるときにも有効です。意見を求めることで、その人が主体的に考えることを促す機会になるからです。

教育の分野では、このように問いかける行為を発問と呼んで、質問と区別しています。質問は答えを知るために尋ねる行為ですが、**発問**は生徒や学生の学習を促進させる意図を持って問いかける行為です。つまり、発問は、相手に自分で考えることを促すための問いかけと言えるでしょう。

援助の現場においても、相手に自分で考え、自分で選択し、自分で意思決定することを促す問いかけをしてみましょう。それが、その人を尊重することにつながり、相手を勇気づけるのです。

対人援助の現場で活かせる質問の力

情報を引き出す力

確かめる力

存在を承認する力

会話を弾ませる力

思考や気づきを促す力

表現する機会を提供する力

スキルアップ

コーピング・クエスチョン

コーピング・クエスチョンとは、「つらい状況を、どうやって乗り越えてきたのですか？」「そんな大変な状況のなかで、どのようにして頑張ってこられたのですか？」などと、どのように困難に対処してきたのかに焦点を当てた質問のことです。
コーピング・クエスチョンには、相手の自己肯定感を高める効果が２つあります。
１つは、その人のなかにある対処能力に気づいてもらう効果です。最悪の事態にならなかったのは、その人が何かしらのコーピングを行ってきたからと考えることができます。その自らの対処能力に気づいてもらうことで、自己肯定感を高めるのです。
もう１つは、その人のこれまでの苦労や努力、対処するための工夫を承認する効果です。敬意を込めてコーピング・クエスチョンを使うことで、尋ねられた相手は、自分がこれまでやってきたことが認められたと感じます。承認されることで、自分自身を肯定する気持ちがその人のなかで強くなるのです。

好意的な関心を伝えることが大切

相手の存在を承認したり、相手を勇気づけたりするためには、質問の仕方にも配慮が必要です。無表情のまま、記録やメモから顔を上げずに質問をしても、相手の存在を承認することはできません。質問するときは、その人に対する好意的な関心が伝わるように、表情や視線、姿勢などの非言語も意識しましょう。

私たちは、自分に好意的な関心を示す人に対して、好印象を抱きます。そして、自分もその人に好意を返そうとする**好意の返報性**（好意の互恵性）が働きます。あなたに好印象を抱いた相手は、気持ちよく質問に応えてくれるでしょう。

返報性の規範が働くのは、好意を受け取ったときだけではありません。自分に否定的な感情を示す人のことは、自分も好きになれないという**嫌悪の返報性**（反意の互恵性）もあります。その人の顔も見ないで質問すれば、それは「あなたには関心がありません。あなたが話す内容にのみ関心を持っています」というメッセージとして相手に伝わります。このような質問の仕方では、相手の自尊心を傷つけてしまうため、気持ちよく応えてもらうことができません。

質問するときに、効果的に好意を伝える非言語

- 少しだけ相手のほうに身を乗り出す
- 相手の目を見て、アイコンタクトをとる
- 穏やかな表情を意識する

援助の対象者への承認

「その後、どうされたのですか？」と話を広げたり、深めたりする質問

「○○さんの考えを教えていただけますか？」と考えを尋ねる質問

「そのとき、どのようなお気持ちだったのですか？」と気持ちを尋ねる質問

部下・後輩への承認

「あなたはどう思う？」と意見を求める質問

「自分のどんなところが一番成長したと思う？」と振り返りを促す質問

同僚への承認

「○○さんなら、こういう場合どうする？」と意見を求める質問

「○○さんが援助職になろうと思ったきっかけは？」と個人的な関心を伝える質問

その人に対する個人的な質問をすると、相手は「自分に興味を持ってくれている」と感じることができます。ただし、プライベートなことを根掘り葉掘り尋ねるのは逆効果になるので注意しましょう。

キーワード　リフレーミング

「神経質と思われるのは、きっと几帳面だからですね」

リフレーミングしてみよう

その人が本来持っている強みを見つける

援助の対象者にも、援助職にも、一人ひとり個性があります。その人が本来持っている強みは、その個性から見出すことができるかもしれません。一見、その人の弱みと捉えがちな性格特性や行動傾向などからも、その人の強みを見つける方法がリフレーミングです。

リフレーミングとは、その人が持っている意味づけや解釈を異なる視点で捉え直すための技法です。例えば、「私は神経質だから……」と自己評価する人に、「神経質なんて、そんなことないですよ」などと否定する代わりに、「神経質と思われるのは、きっと几帳面だからですね」と肯定的なイメージをつけ加えます。ポジティブな見方を押しつけるのではなく、“弱み”が“強み”にもなることを伝えるのです。

どのような個性の持ち主であっても、その人の性格特性や行動傾向から肯定的な意味を見出すことができれば、その個性こそが本来持っている強みになるはずです。

自分を客観的に見ることは難しい

私たちは、「自分のことは自分が一番よくわかっている」と思いがちですが、自分のことだからこそ、客観的に見ることが難しいのです。

誰かにリフレーミングしてもらうことで、これまで短所でしかなかった特徴が、自分の強みでもあったことに気づくことができるでしょう。「私は、自分が几帳面だなんて考えたこともなかったけど、そういう見方もできるのかも……」「視点を変えれば、そういう部分もあるかも……」と柔軟に捉えられるようになると、その人の考え方が広がり、行動や反応にも変化が見られるようになるのです。

リフレーミングの例

すぐに諦める人には	➡	✕「飽きっぽい」「努力が足りない」 〇「切り替えが早い」
いい加減な人には	➡	✕「おおざっぱ」「テキトー」 〇「おおらか」
融通が利かない人には	➡	✕「頑固」「頭が固い」 〇「意志が強い」「こだわりがある」
細かいことを気にする人には	➡	✕「神経質」 〇「几帳面」
強く反対する人には	➡	✕「反抗的」「斜に構えてる」 〇「自分の意見を持っている」「物怖じしない」
すぐに干渉する人には	➡	✕「おせっかい」「でしゃばり」 〇「世話好き」「気が利く」「放っておけない」
時間のかかる人	➡	✕「優柔不断」「行動（決断）が遅い」 〇「慎重」「よく考えて行動（決断）する」

事実をどのように意味づけ、解釈するかは、それを受けとめる側の枠組み（フレーム）によって異なります。1つの方向からしか見ていなかった枠組みに、新しい意味を付与するときに有効なのがリフレーミングです。

Worksheet ワークシート リフレーミングで応答してみよう①

以下の場面を読んで、肯定的な意味を見出すリフレーミングで応答してみましょう。
ポジティブな表現で異なる解釈を示すには、どのような表現をしたらよいでしょうか。

事例1「援助対象者」に対する援助職としての応答

佐々木さん 「主人は、すぐに物事を決断できない人なんです。
昔から何を決めるときにも時間がかかって……」

あなた 「　　　　　　　　　　　　　　　　」

事例2「援助対象者」に対する援助職としての応答

清水さん 「父は頑固で、私たちの言うことを聞こうとしないんです」

あなた 「　　　　　　　　　　　　　　　　」

解答例

事例1

解答例 「ご主人は、慎重な方なのですね」「時間をかけて、よく考えてくださるのですね」「安易に決めてはいけないと思うからこそ、すぐには決断できないのかもしれませんね」

解説 「すぐに物事を決断できない人」とは、「軽率に物事を決断しない人」とも言えるでしょう。佐々木さんのご主人は、慎重に、よく考えるからこそ、決断するのに時間がかかるのかもしれません。慎重さや思慮深さを、リフレーミングするとよいでしょう。

事例2

解答例 「お父様は、ご自分の意志を貫く強さのある方なのですね」「自分の意見をしっかり持っている方なのですね」「お父様なりの強いこだわりをお持ちなのかもしれませんね」

解説 言うことを聞こうとしないのは、本人（父親）なりの強いこだわりや、貫きたい意志があるのかもしれません。清水さんに、「父には大切にしているこだわりがあるのかも……それって何だろう」と考えてもらうきっかけが提供できるでしょう。

リフレーミングで応答するときの留意点

・相手の捉え方を頭ごなしに否定する表現はNG！
（例「そんなことはありませんよ」「そんな言い方はよくないです」など）
➡ どのような捉え方であっても、1つの見方として受けとめよう

・自分の捉え方を押しつける表現もNG！
（例「このように捉えたほうがいいですね」「このように考えるべきです」など
➡ あくまでも可能性の1つとして、リフレーミングした見方を提示しよう

Worksheet ワークシート リフレーミングで応答してみよう②

以下の場面を読んで、肯定的な意味を見出すリフレーミングで応答してみましょう。
ポジティブな表現で異なる解釈を示すには、どのような表現をしたらよいでしょうか。

事例3 「後輩職員」に対する先輩としての応答

鈴木さん（後輩）「主任の瀬川さんって、仕事中、ちょっと厳しくないですか」

あなた「　　　　　　　　　　　　　　　　　　」

事例4 「後輩職員」に対する先輩としての応答

相馬さん（後輩）「私、昔から口下手だから、コミュニケーションが苦手なんです」

あなた「　　　　　　　　　　　　　　　　　　」

事例5 「同僚職員」に対する同じ立場での応答

高橋さん（同僚）「同僚の土田さんって、おせっかいなところがあるよね」

あなた「　　　　　　　　　　　　　　　　　　」

Worksheet
ワークシート

事例3

解答例 「瀬川さんは、あなたに期待しているからこそ厳しいのかもね」
「瀬川さんがしっかりとした主任さんだから、私たちは安心して仕事ができるのかもね」

解説 仕事中、厳しい瀬川さんは、"仕事中、甘くない主任さん"ということになります。後輩職員の鈴木さんには、瀬川さんが主任として仕事に真剣に取り組んでいることにも気づいてもらえるようにリフレーミングしましょう。

事例4

解答例 「口下手なのは、慎重に考えて発言しているからなのかな」
「口下手だからこそ、相馬さんは、人の話を聴くのが上手だよね」

解説 相馬さんは、「私は、昔から口下手」と自分自身に対して思っているようです。安易に「口下手なんかじゃないよ」と本人の捉え方を否定するより、口下手だからこその"強み"をリフレーミングするとよいでしょう。話し下手であっても、聞き上手という"強み"を活かせば、相馬さんもコミュニケーションに自信が持てるようになるはずです。

事例5

解答例 「土田さんは、人のことを放っておけない性格なんだね」
「よく気働きができる人だからかな」

解説 "おせっかい"になるのは、土田さんにどのような性格特性や行動特性があるのかをリフレーミングします。他人のことに興味・関心がなければ、おせっかいもできないでしょう。

リフレーミングの目的は、正しい解釈は何かを追究することではありません。相手の個性を多面的に捉えることで、その人が本来持っている強みを見出そうとすることが大切です。

キーワード　**向社会的行動**

「一緒に考えてくださり、ありがとうございます」

感謝の言葉を伝えよう

評価より、まず感謝の言葉

感謝されて、嫌な気持ちになる人はいないでしょう。

その人の強みを承認することが難しいときは、せめて、やるべきことをやったことに対して当たり前と思わず、感謝の言葉を伝えましょう。「約束の時間にお越しくださり、ありがとうございます」「参加してくれて、ありがとう」などと、その人がしたことに対して、ポジティブなフィードバックをすることはできるはずです。

「ありがとう」の言葉だけを伝えると、相手は、何に対して感謝されたのかがわかりません。「○○してくださって、ありがとうございます」と具体的に伝えることが重要です。

感謝されると、人は親切になる

誰かから感謝されるという経験は、その人の向社会的行動を促すことがわかっています。**向社会的行動**とは、金銭などの外的報酬を期待することなしに、自発的に他者のためになることをしようとする行動のことです。寄付行動、ボランティア活動、協力行動、思いやり行動などが、向社会的行動の代表と言えるでしょう。

モスとペイジ（Moss, M. K. & Page, R. A.）は感謝と向社会的行動との関連を検討するための実験を行い、感謝されなかった場合と比べて、感謝された後は向社会的行動が起こりやすいことを指摘しています。その理由として考えられるのがポジティブ感情の返報性です。感謝された人はポジティブな感情になり、誰かに同じようにポジティブ感情を返したいという思いが生まれるのです。

人から感謝されるだけではなく、自分が誰かに感謝の気持ちを持つことも、自身の向社会的行動を促進させます。p.107のWorksheet「感謝リスト」に継続的に取り組んでみるとよいでしょう。

「すみません」より「ありがとう」

感謝の気持ちを伝えるときに、「ありがとう」の代わりに、「すみません」という言葉を使っている人も少なくないでしょう。「すみません」は、日常の様々な場面で用いられる言葉です。「それは私のミスです。すみません」のように謝罪するときや、「すみません。確認をお願いします」のように断りを入れるときに使うほか、お礼を言うときにも「すみません」が使われています。

とても便利な表現ですが、感謝の気持ちを伝えるときは「ありがとう」のほうがポジティブです。「お時間をいただいてしまって、すみません」より「お時間をいただき、ありがとうございました」と伝えるとポジティブな印象になります。

モスとペイジが行った実験

実験では、人から道を尋ねられる場面を設定して、道案内をした相手からの反応が、その後の向社会的行動にどのような影響を与えるのかを検証しました。
道案内をしたときに相手から感謝された人の多くは、その後、別の人が目の前で落とし物をしたときに、落とした物を拾って届けたり、落としたことを口頭で教えたりしました。一方で、相手から感謝されず、否定的に反応された人の多くには、そのような行動が見られませんでした。
この実験から、誰かから感謝される経験は、その人の向社会的行動を促すことがわかります。

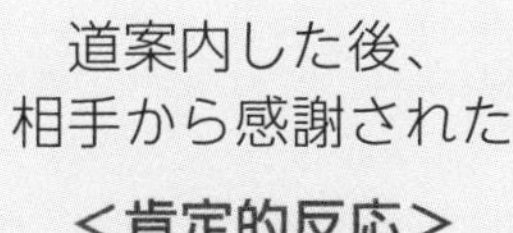

<肯定的反応>

道案内した後、
相手から「説明が悪い」と
不満を言われた
<否定的反応>

その後、向社会的行動が
起こりやすくなる

その後、向社会的行動は
起こりにくくなる

援助の対象者への承認

「約束の時間にお越しくださり、ありがとうございます」
「お時間をいただきまして、ありがとうございました」
「一緒に考えてくださり、ありがとうございます」

部下・後輩、同僚への承認

「正直に報告してくれて、ありがとう」
「期限を守ってくれてよかったです。ありがとう」
「ちゃんと覚えていてくれて、ありがとう」

スキルアップ

「助かりました」

助けてもらう側になりやすい援助の対象者に、「協力していただけて助かりました。ありがとうございました」などと伝えてみましょう。
「助かりました」という表現で感謝の気持ちを伝えると、自分が困っているところを相手に助けてもらったというニュアンスになります。
「自分も誰かの役に立つことができた」と、自身の存在価値を感じてもらうことができるでしょう。

Worksheet ワークシート 感謝リスト

ダウンロード対応

日頃、あなたが感謝していることを具体的に書き出してみましょう。

職場で感謝していること

1 「　」

2 「　」

3 「　」

例）同僚の○○さんが「大丈夫？ 手伝うよ」とよく声をかけてくれる　など

生活のなかで感謝していること

1 「　」

2 「　」

3 「　」

例）友人の△△は、いつも親身に自分の話を聴いてくる　など

アメリカの心理学者エモンズ（Emmons, R.）らの研究によると、毎週感謝したいことを思い浮かべて書き記す作業を約2か月続けたところ、悩みごとを書き記す作業を続けたグループよりも主観的幸福感が上がっていたそうです。感謝の気持ちには、ネガティブな感情を帳消しにする力があります。感謝することで、心の幸福度が高まると、ストレスに負けない強い心を手に入れることができるのです。

キーワード　自己効力感、モデリング

「一緒に頑張りましょう」

応援していることを伝えよう

潜在的な可能性を承認

心からの応援は、その人の潜在的な可能性を承認します。その可能性への期待を込めて、「一緒に頑張りましょう」「応援しているからね」などと伝えてみましょう。心のなかだけで応援していても、相手には伝わりません。言葉で伝えることで、相手は“自分を応援してくれる人の存在”を知り、その人が力を発揮しようとするときの心の支えになるのです。

相手に対して「この人はどうせやらない」「(やってもどうせ) 期待以下のことしかできない」などと思っていると、応援する言葉にそのようなニュアンスが含まれて、援助職の本音が相手にも伝わってしまいます。「この人なりにやろうとすることを全力でサポートしよう」という気持ちで応援すれば、その言葉は相手の心に響くはずです。

行動を決定する自己効力感

応援するときは、その人が過去に成功した体験や何かを成し遂げた体験などを話題にすると効果的です。「○○さんは問題に直面するたびに頑張って乗り越えてきましたね」などと話題にして、そのときのことを思い出してもらいましょう。

過去の成功体験を振り返ることは、相手の気持ちをポジティブにして自己効力感を高めます。**自己効力感**とは、「自分もやればできる」「自分にはやり遂げられる」という自分に対する期待感のことです。自己効力感と混同されがちな言葉に、自己肯定感があります。自己肯定感は、できないことやダメなところがあっても、ありのままの自分を肯定できる感情であり、自己効力感は「やればできる」と自分を信じる感情と言えるでしょう。

自己効力感という概念を提唱した心理学者のバンデューラ（Bandura, A.）によれば、その人の行動は、その人が持つ信念によって決まります。「自分もやればできる」と思う人は、新しいことや困難なことにも前向きに取り組むことができますが、「どうせ自分にはできない」と思う人は気おくれしてしまい、行動に移すことができません。

自己効力感を効果的に高める方法

相手の行動を望ましい方向へと変えていくためには、その人の自己効力感に効果的に働きかけることが大切です。

「あなたならきっとできると思います」などの言葉かけも自己効力感を高める方法の1つですが、他の方法と組み合わせるとより効果的です。「あのときも最後までやり遂げましたよね。今回もきっとできると思います」「一緒にトレーニングを受けていた方が、無事退院されましたよ。今度は○○さんの番ですね」などと、その人自身の成功体験や他者の成功体験と関連づけながら働きかけるとよいでしょう。

自己効力感を高める4つの方法

方法1 「あなたなら、きっとできると思います」などと言葉で働きかける

方法2 その人の過去の成功体験を話題にして振り返ってもらう

方法3 シェーピング法(p.62)で小さな成功体験を積み重ねてもらう

方法4 他者の成功体験からモデリングしてもらう

モデリングとは観察学習とも呼ばれ、モデルである他者の行動を観察することにより、その行動を学習することを言います。
自分に近い立場の人が成功したことを見たり、聞いたりすると「自分もできるのでは」と思えることがあります。他者と自分を重ね合わせることで、自分自身の可能性について確信を強めることができるのです。

援助の対象者への承認

「一緒に頑張りましょう」

「○○さんのチャレンジを、みんなで応援しています」

「○○さんは問題に直面するたびに頑張って乗り越えてきましたね。今回も一緒に乗り越えていきましょう」

「一緒にトレーニングを受けていた方が無事退院されましたよ。今度は○○さんの番ですね」

部下・後輩、同僚への承認

「応援しているからね」

「時間をかけて準備してきたんだから、きっと大丈夫」

「前回も最後まであきらめずに頑張りましたよね。あなたなら、きっと今回もできると思います」

第5章

相手のタイプに合わせて承認しよう

何を、どのように認めてもらえると嬉しいのかは、その人の性格によって異なります。
頑張った努力を認めてもらえると喜ぶ人もいれば、
結果を高く評価されてはじめて嬉しくなる人もいます。
誰に対しても同じような褒め方にならないように、
一人ひとりに合わせた承認を心がけましょう。
第5章では、相手のタイプに合わせて効果的に承認するための方法を紹介します。

行動力・決断力に優れた
“親分肌”タイプ

人の和を大切にする
“いい人”タイプ

天真爛漫な
“楽天家”タイプ

冷静沈着な
“理論派”タイプ

キーワード　パーソナリティの類型、交流分析

一人ひとりに合わせた承認

相手に合わせて承認しよう

"認めてほしいこと"を承認する

承認は、一人ひとりに合わせて行うことが大切です。誰に対しても、いつも同じパターンで承認すると、単なる"社交辞令"と思われてしまうでしょう。

何を、どのように認めてもらえると嬉しいのかは、その人の性格によって異なります。プロセス重視の人には、何かを成し遂げようとする過程での努力を承認すると、きっと喜んでもらえるでしょう。しかし、プロセスより結果を重視する人にとっては、自分が出した結果が認めてもらえたときに嬉しいと感じるはずです。その人が認めてほしいと思うことを承認できたときに、その言葉は相手の心に響くのです。

自分自身の価値観を基準にしない

"認めてほしい"と思うことが一人ひとり違うように、承認する側も、"相手のどこに注目するのか""相手の何を認めたいのか"は人によって違うでしょう。それは、承認する人自身の性格や経験、価値観などが、無意識のうちに反映されるからです。

例えば、「明るく元気に仕事をすることが大切」と考える上司は、いつも笑顔で活発な部下のことは承認しやすいでしょう。その一方で、いつも静かで控えめな部下の"強み"には目が向かず、「表情が乏しくて覇気がない」とさえ思うかもしれません。

私たちは、相手を客観的に観察しているつもりでも、自分が価値を置いていることにのみに注目してしまいがちです。自分自身を基準にして相手を見ると、その基準に合致しない場合、その人が持っている"強み"を見落としてしまうこともあるでしょう。結果、その人を承認することは難しくなるのです。

自分自身が価値を置いていることに注目するだけではなく、相手を知り、その人が"認めてほしい"と思うことにも目を向けることが大切です。

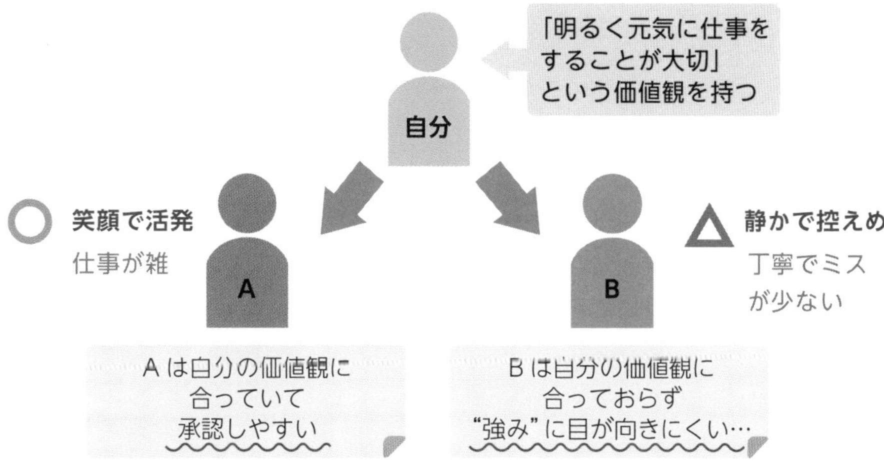
自分の価値観のみを物差しにすると…
「明るく元気に仕事をすることが大切」という価値観を持つ
自分
笑顔で活発
仕事が雑
A
B
静かで控えめ
丁寧でミスが少ない
A は自分の価値観に合っていて承認しやすい
B は自分の価値観に合っておらず“強み”に目が向きにくい…

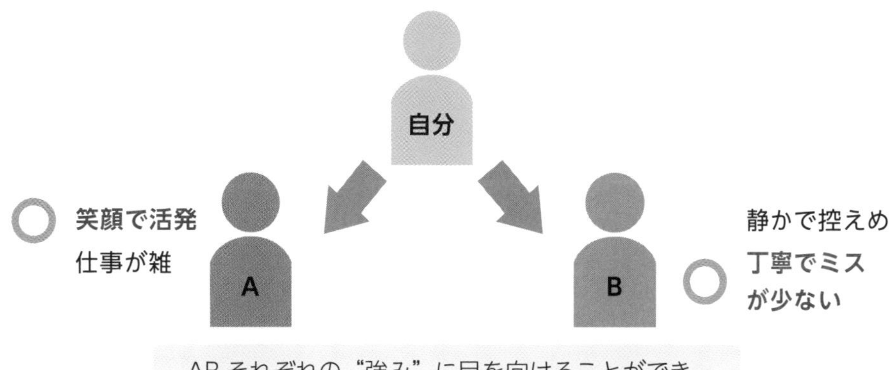
自分の価値観から離れてフラットに見てみると…
自分
笑顔で活発
仕事が雑
A
B
静かで控えめ
丁寧でミスが少ない
AB それぞれの“強み”に目を向けることができ、それを承認することで相手のやる気にもつながる

自分自身を基準にすると、その基準に合致する相手は承認することができますが、合致しない相手を承認することは難しくなるでしょう。自身の基準を脇に置いて、その人特有の“強み”に目を向けることが大切です。

関心を持って「聴く」「観る」

では、どのようにしたら、相手が“認めてほしい”と思うことを見つけられるのでしょうか。

その人を知るために、コミュニケーションの機会を増やすことも大切でしょう。その人の考えや想いを聴くことで、相手に対する理解を深めることができます。「この人が大切にしていることは何か」「この人は何に価値を置いて判断するのか」などの関心を持って、その人の発言に耳を傾けてみましょう。

コミュニケーションをとるための時間が十分にとれないときは、相手を観察することで把握できることもたくさんあります。その人の行動に見られる傾向や反応の仕方、口癖などからも、相手が言葉にしていない情報が得られることもあるでしょう。

相手が、職場の部下や後輩、同僚の場合、仕事の進め方（コツコツ型か短期集中型か）や、コミュニケーションの取り方（話し好きか聴き上手か）、得意分野（積極的になること、楽しそうに取り組むこと）などに注目してみましょう。職場全体を観察することで、職員間のつながり（立ち位置、役割分担、人間関係など）も見えてきます。

スキルアップ

相手が確証を得ようとすることに注目

相手の言動を観察する中で、特に、その人の自己確証フィードバック行為に注目してみましょう。その人が“認めてほしい”と思っているところが見えてきます。

例えば、「私は、人から頼まれると断れないところがあるから……」「私って、困っている人を放っておけない性格だし……」などと、私たちは自分の性格を口にすることがあります。そのようなときに、「そうでしょう？」「そう思わない？」などと問いかけて、周囲から同意を得ようとするのが、**自己確証フィードバック行為**です。

私たちは自分自身に対して思っていることを、周囲にも認めてもらいたいという気持ちを持っています。人から同意を得ることによって、自分は自分が思っている性格の人間であることを確信し、自分のセルフ・イメージを安定させようとするのです。

性格を理解するツールを活用する

相手に関する情報が得られたら、その人のことをより理解するためのツール（道具）を活用してみましょう。その人を理解するツールとは、**パーソナリティの類型**、つまり、性格のタイプ別分類のことです。

人間のパーソナリティを把握する方法の1つに、いくつかのタイプに分類して、それぞれのタイプの典型的な特徴を挙げる“類型論”という考え方があります。例えば、血液型によって「A型の人は○○」「B型の人は△△」などと、パーソナリティを4つに分類する性格判断は、その代表と言えるでしょう。

血液型による性格判断は類型論の1つの例ですが、これまでの心理学的な研究で「血液型とパーソナリティに明確な関連性は見られない」ことが繰り返し報告されています。そもそも、人間の性格をいくつかのタイプに割り当てて分類するという考え方には、「性格を単純化してしまう」「どのタイプにも当てはまらない、あるいは複数のタイプにまたがるような特徴を持つ人が無視されやすい」などの問題点も指摘されています。

欠点はあるものの、性格のタイプ別分類は、その人の特徴を直観的にイメージするときに役立ちます。相手のタイプを見つけることで、その人の“強み”となる性格特性や、承認するときのポイントを知る手がかりになるでしょう。

p.116～117「相手はどのタイプ？」とp.118「4つのタイプがわかるチェックシート」を活用して、相手を理解するときの参考にしてみましょう。

Check 1 チェック1　相手はどのタイプ？

援助の対象者や、部下・後輩、同僚をよく観察してみましょう。その人の外見や雰囲気、話し方の特徴、口癖などから、その人のタイプを特定することができます。

① 行動力・決断力に優れた“親分肌”タイプ

堂々とした表情や態度、威圧的な印象、ストレートな物言い
口癖「しなくては」「まだまだ」

② 人の和を大切にする“いい人”タイプ

穏やかな表情、控えめな印象、ゆっくりとした優しい口調
口癖「おっしゃる通り」「すみません」

③ 天真爛漫な“楽天家”タイプ

オープンな印象、表情豊か、身振り手振りが多い、ノリがよい
口癖「わあ」「そうなんだ」

④ 冷静沈着な“理論派”タイプ

表情や言葉に感情表現が少ない、冷静な印象、論理的に話す
口癖「それは、どうして？」「なるほど」

Check 2 相手はどのタイプ？
チェック2

以下の場面で、援助の対象者や、部下・後輩、同僚に見られる言動を選んでみましょう。
その人の言葉や行動からも、その人のタイプを特定することができます。

話し合いの場面では……

リーダー、あるいは司会進行役として、その場を仕切る ➡ 親分肌タイプ
積極的に発言はせず、一人ひとりの意見をよく聴く ➡ いい人タイプ
その場の雰囲気を明るくする ➡ 楽天家タイプ
ムダな話はせずに、論理的な意見を言う ➡ 理論派タイプ

人からミスしたことを指摘されたときは……

少しムッとして、自分の言い分を主張する ➡ 親分肌タイプ
「すみません」を繰り返す ➡ いい人タイプ
深く受けとめない、あるいは不機嫌になる ➡ 楽天家タイプ
ミスしたことの事実関係を確認する ➡ 理論派タイプ

失敗した人に対して言葉をかける場面では……

「次は頑張って結果を出さないとね」 ➡ 親分肌タイプ
（心配そうに）「大丈夫ですか？」 ➡ いい人タイプ
「えっ～ダメだったんだ。まぁ何とかなるよ」 ➡ 楽天家タイプ
（冷静に）「何が原因だったの？」 ➡ 理論派タイプ

Checksheet チェックシート　4つのタイプがわかるチェックシート

相手のタイプを特定するときは……

相手の言動をよく観察してみましょう。そして、p.119の質問を読んで、相手の言動に当てはまる項目の空欄にチェックをつけましょう。

自分のタイプを特定するときは……

普段の自分の言動を振り返ってみましょう。そして、p.119の質問を読んで、自分の言動に当てはまる項目の空欄にチェックをつけましょう。

最後に、チェック欄を縦に見て、チェックの数を合計して記入してください。

チェックの数が最も多かったものが、その人のタイプです。p.122 ～ 129に各タイプの詳しい説明と、承認するとき・動機づけるときのポイントを紹介していますので、参考にしましょう。

複数のタイプでチェックの数が同じになった場合には、各タイプの説明を読んで、一番近いと思われるものを選びましょう。もともと、すべての人は4つのタイプの要素を多かれ少なかれ持っており、そのときの状況や環境によって、表面に現れるタイプが変わることもあります。

ダウンロード対応

		①	②	③	④
1	待ち合わせの時間や提出期限を厳守する				
2	他人から頼まれたらイヤとは言えない				
3	人の話を聴くより、自分が話していることが多い				
4	能率的にテキパキと、仕事や勉強を片づけていく				
5	「・・・すべき」「・・・しなくては」という言い方が多い				
6	聴き上手である				
7	思いつきで行動したり、直感で判断したりする				
8	会話の中で、感情的になることは少ない				
9	他人を厳しく非難することがある				
10	人間関係を重視する				
11	感情表現が豊かである				
12	真面目である				
13	過程より結果を重視する				
14	決断するのに時間がかかる				
15	新しいことを好む				
16	情緒的というより、むしろ理論的である				
17	嫌なことは嫌と、はっきり言える				
18	人の意見に自分を合わせるほうだ				
19	「ガンガン」「ザックリ」などの擬音語が多い				
20	自分のことはあまり話さない				
	チェックの数				

①〜④の中で、チェックの数が最も多かったものが、その人のタイプです

① 親分肌タイプ、② いい人タイプ、③ 楽天家タイプ、④ 理論派タイプ

交流分析

p.119のチェックシートは、アメリカの精神科医バーン（Berne, E.）が創始した交流分析（Transactional Analysis＝TA）に基づいて作成したものです。**交流分析**は、“人と人との交流”を“分析”する実践的な心理学です。

交流分析では、人間のパーソナリティを以下の5つの心（性格特性）で説明しています。

厳しく、頼もしい父親のような心 ……… CP：Critical Parent
優しく、世話好きな母親のような心 …… NP：Nurturing Parent
理性的で、冷静な大人のような心 ……… A：Adult
自由奔放で元気な子どもの心 …………… FC：Free Child
従順で素直な子どもの心 ………………… AC：Adapted Child

交流分析では、パーソナリティをタイプ別に分類しません。なぜなら、私たちは誰でも5つの心をすべて持っていると考えるからです。ただし、人によって、どの心が優位なのか、あるいは低位なのかに違いがあります。それが、性格の違いであると捉えるのです。

私たちが持っている性格特性はすべての人間に共通のものであり、その特性の「量」の違いからパーソナリティを把握しようとする考え方を“特性論”といいます。

p.119のチェックシートでは、CPが優位な人を“親分肌”、NPとACが優位な人を“いい人”、FCが優位な人を“楽天家”、Aが優位な人を“理論派”と、大きく4つのタイプに整理しました。

スキルアップ

5つの心を場面に応じて活用

交流分析は、臨床ばかりではなく、教育やビジネスなどのさまざまな領域で、個人の性格分析やよりよい人間関係を築くために活用されています。
援助の現場では、援助職が持っている5つの心を、そのときどきの場面に応じて活かすとよいでしょう。

5つの心	有効な活用場面
父親のような心(Critical Parent)	指導する、リーダーシップをとる
母親のような心(Nurturing Parent)	心理的なサポート(受容、共感)をする
冷静な大人のような心(Adult)	情報収集する、分析する、問題解決する
元気な子どもの心(Free Child)	コミュニケーションを楽しむ、場の雰囲気を明るくする
素直な子どもの心(Adapted Child)	指示に従う、慎重になる

キーワード　CP優位のタイプ

プロセスより、結果を重視

行動力・決断力に優れた“親分肌”タイプ

“親分肌”タイプは、まわりくどいことが嫌い

どこにいても、その場を仕切っているのが“親分肌”タイプです。このタイプの最大の特徴は、行動力・決断力があることです。責任感や正義感が強く、ストレートに自己主張する分、人から指示されたり、コントロールされたりすることを嫌がります。まわりくどいことや、ムダに思うようなことも嫌いなので、会話をするときには前置きや雑談などは入れずに、最も大事なことから単刀直入に伝えましょう。

結果をストレートに承認

プロセスより結果を重視する“親分肌”タイプには、成果の素晴らしさや、判断の正しさを認めるとよいでしょう。つまり、結果承認（p.62）が“親分肌”タイプに最も効果的です。

行動力・決断力、責任感の強さなどの強みをストレートに承認したり、何かを任せたりする（p.76）ことも有効でしょう。

動機づけのポイントは「自己決定」

結果重視で行動力に優れているので、「何のためにそれをするのか」「それをすることが何の役に立つのか」という行動の目的や意義を明確に伝えるとよいでしょう。

このタイプは決断力にも優れているので、本人の考えを最大限に尊重する姿勢を示すと相手の意欲が高まります。要望などはストレートに伝え、「○○していただきたいのですが、それについてはどうお考えですか？」と、それに対する意見や判断を求めましょう。相手の意向も聴く態度を示すと、コミュニケーションが上手くいきます。

“親分肌”タイプの強み

- 行動力・決断力がある
- 結果を重視する
- 責任感が強い
- 信念を持っている
- 正義感が強い

しっかりと結果を出さなければ！

承認するときのポイント

結果を承認する

「素晴らしい出来栄えだと思います」

「的確な判断でしたね」

強み（行動力・決断力、責任感の強さなど）を承認する

「○○さんだからこそ、達成できたのですね」

「○○さんだから、安心してお任せできます」

動機づけするときのポイント

- 行動の目的や意義を明確にする
- 本人の考えを最大限に尊重する姿勢を示す

しないほうがよいこと

- 結果を重視しないで、努力を労う
- 長い前置きのあとに、承認する
- まわりくどい言い方をする

キーワード　**NP・AC優位のタイプ**

人間関係を何よりも優先

人の和を大切にする“いい人”タイプ

“いい人”タイプは、周りの人の気持ちに敏感

“いい人”タイプの強みは、常に周囲と上手くやっていきたいという協調性の高さです。自分のことより他者を優先させるため、自己主張することは少なく、相手の話に耳を傾けて共感することが上手です。このタイプの人は人間関係を重視するあまり、本音を積極的に表現することはありません。会話をするときは、雑談から始めて、安心して発言できる雰囲気をつくりましょう。

感謝の言葉で承認

このタイプの人は、「人の役に立ちたい」という気持ちが強いので、周囲への貢献度を承認したり、感謝の言葉を伝えたりする（p.104）と効果的です。

忍耐強く、自己主張をしないタイプと思われがちですが、実は人一倍「認めてほしい」という気持ちを持っています。放っておかれたり、無視されたりすると、「自分はその程度の存在なのかな」と敏感に感じ取ってしまうでしょう。普段から、存在承認（p.46）を意識して行い、地道に努力している事実を承認したり、細やかな配慮ができる人間性を褒めたりすると、このタイプの人は安心します。

動機づけのポイントは「他者への貢献」

“いい人”タイプには、こまめな承認が必要です。また、要望などを伝えるときは、「それをしていただけると、皆さんとても喜ばれると思います」などと、その成果が誰かの役に立つことや、良好な人間関係につながることを伝えるとよいでしょう。

ただし、他者から期待されると嬉しくなり、無理をしてでもその期待に応えようとする傾向があるため、その人の負担になっていないかを注意しましょう。

“いい人”タイプの強み

- 協調性が高い
- 優しくて、温かみがある
- 共感する
- 忍耐強い
- 献身的である

承認するときのポイント

普段から、挨拶や気づかいの言葉で承認する

「おはようございます。今日の体調はいかがですか」

「お疲れさま。今日は忙しくて大変だったね」

感謝の言葉を伝える

「○○さんのおかげで上手くいきました」

「みんな、あなたの頑張りに感謝していますよ」

強み（地道な努力、細やかな配慮など）を承認する

「○○さんは、いつも人のために一生懸命なのですね」

「あなたの細やかな気配りに、私たちは助けられているのよ」

動機づけするときのポイント

- こまめに承認する
- 周囲への貢献度を伝える

しないほうがよいこと

- 感謝の言葉がない
- 地道な努力を評価せず、目立つ結果ばかりを褒める
- 人間性や人柄のよさを重視しない

キーワード　FC優位のタイプ

現状維持より変化を求める

天真爛漫な“楽天家”タイプ

“楽天家”タイプは、ワクワクすることが好き

“楽天家”タイプは社交的で、その場の雰囲気を明るくしてくれます。ワクワクすることにはチャレンジ精神旺盛ですが、地道な作業やマニュアル通りの行動は苦手です。

話し好きなので、大きくうなずいたり、あいづちを入れたりしながら、テンポよく話を聴くとよいでしょう。積極的に自分の考えやアイデアを話してくれるはずです。

褒め言葉で明るく承認

このタイプは、注目されることや人に影響を与えることに喜びを感じます。「さすが○○さん！」「すごい！」などのように、感嘆詞のつく褒め言葉が最も効果的です。

また、「○○さんはすごいって、みんな感心していました」「施設長が、あなたはよく頑張っているって褒めていましたよ」などと、人から注目されていること、期待されていることを間接的に伝えるのもよいでしょう。

動機づけのポイントは「他者からの注目」

忍耐より変化を好むため、新しいことには前向きに取り組みます。細かく指示したり、頭から助言したりするより、質問をして本人の考えやアイデアを求めるとよいでしょう。ただし、このタイプの人は思いつきで発言したり、行動したりする傾向があります。具体性に欠ける発言に対しても、「今までになかった発想ですね」などと肯定的に受けとめることが大切です。そのうえで、方向性や優先順位を整理しながら会話を進めるとよいでしょう。

このタイプの人は、自由に動けなくなると一気にやる気が低下します。ある程度の裁量を与えたり、本人の能力に応じて何かを任せたりすることも必要です。

“楽天家”タイプの強み

- 社交的である
- 好奇心が旺盛
- 変化を好む
- 話し好き
- 発想・アイデアが豊か

承認するときのポイント

感嘆詞を使って褒める

「さすが○○さん！」「すごい！」

間接的に褒め言葉を伝える

「○○さんはすごい！って、みんな感心していました」

「施設長が、あなたはよく頑張っているって褒めていましたよ」

動機づけするときのポイント

- 本人の考えやアイデアを求める
- 注目されていること、期待されていることを伝える

しないほうがよいこと

- 褒めない、賞賛しない
- 淡々とした口調で承認する
- 任せたことに、やたらと干渉する

キーワード　**A優位のタイプ**

客観的な事実やデータを重視

冷静沈着な“理論派”タイプ

“理論派”タイプは、曖昧なことが苦手

“理論派”タイプの強みは、物事を分析する力や計画的に進める力です。客観的な事実やデータを重視する傾向があるため、会話をするときには、根拠を示しながら、論理的に話すことを意識しましょう。このタイプの人に感情論で話をしたり、裏づけや根拠のない話をしたりすると、会話が上手く成立しません。

プロセスの合理性・効率性を承認

このタイプが分析力や計画性に優れているのは、いい加減なことをしたり、失敗したりすることが嫌いだからです。ちゃんと結果を出せるように、真面目に取り組みます。

このタイプには、結果が出せたことを「すごいですね」などと賞賛するより、結果の質の高さや、プロセスにおける合理性や効率性の高さを承認すると効果的です。情報収集や分析、計画のプロセスで、どのように尽力したのかをよく観察しておきましょう。

動機づけのポイントは「結果への信頼」

このタイプの人は、結果を出すための努力を惜しみません。その強みを承認して、きちんと結果を出してくれることへの信頼を伝えると、相手の意欲がさらに高まります。

このタイプは曖昧な状態が苦手なので、要望などは詳細を具体的に伝えましょう。時間に余裕を持って伝えると、このタイプの強みである計画力を活かすことができます。

“理論派”タイプの強み

- 分析力がある
- 計画的に進める力がある
- 几帳面である
- 慎重に行動する
- 物事を客観的に把握する

それは、どうしてですか？

承認するときのポイント

結果の質の高さを承認する

「予想以上に素晴らしい結果です」

「手直しする必要はまったくありません」

プロセスの合理性・効率性の高さを承認する

「○○さんが抜かりなく準備していたからこそ得られた結果だと思います」

「限られた時間の中で、よくこれだけのことができましたね」

動機づけするときのポイント

- きちんと結果を出してくれることへの信頼を伝える
- 要望などは詳細を具体的に伝える
- 計画的に取り組むことができるように、時間に余裕を持って伝える

しないほうがよいこと

- 結果が出せたことだけを賞賛して、質を重視しない
- ただ「すごい！」と褒める

4つのタイプに効果的な承認と逆効果になる承認

タイプ	効果的な承認	逆効果になる承認
親分肌	・結果を承認する ・強み（行動力・決断力、責任感の強さなど）を承認する	・結果を重視しないで、努力を労う ・長い前置きのあとに、承認する ・まわりくどい言い方をする
いい人	・普段から、挨拶や気づかいの言葉で承認する ・感謝の言葉を伝える ・強み（地道な努力、細やかな配慮など）を承認する	・感謝の言葉がない ・地道な努力を評価せず、目立つ結果ばかりを褒める ・人間性や人柄のよさを重視しない
楽天家	・感嘆詞を使って褒める ・間接的に褒め言葉を伝える	・褒めない、賞賛しない ・淡々とした口調で承認する ・任せたことに、やたらと干渉する
理論派	・結果の質の高さを承認する ・プロセスの合理性・効率性の高さを承認する	・結果が出せたことだけを賞賛して、質を重視しない ・ただ「すごい！」と褒める

男性と女性では嬉しいポイントが違う？

一般に、女性は「ここには○○さんが必要です」などと自分の存在を特別なものとして認めてほしいと思う人が多く、それに対して、男性は「○○さんは誰よりもお上手ですね」などと優越欲求を満たすような承認を喜ぶと言われています。

そのため、同じタイプであっても、男性と女性とでは承認されて嬉しいポイントに違いが見られることもあるでしょう。また、性別による違いだけではなく、相手が自分より年上なのか、それとも年下なのかによっても異なるかもしれません。

承認する相手が誰であっても、基本は相手を尊重する気持ちです。パーソナリティの類型も、女性と男性に分けて捉える考え方も、参考程度に活用するとよいでしょう。

第6章

承認上手になろう

援助職だからこそ、“承認”は身につけておきたいコミュニケーション・スキルの1つです。
スキルとは言っても、伝え方などのテクニックを習得するだけでは、
形式的な承認で終わってしまうでしょう。
対人援助の現場において、コミュニケーションの基盤となるのはマインドです。
心からその人を承認するためには、相手のことも、
そして自分のことも肯定できる態度が援助職に求められます。
第6章では、上手に承認するための5つステップを紹介します。

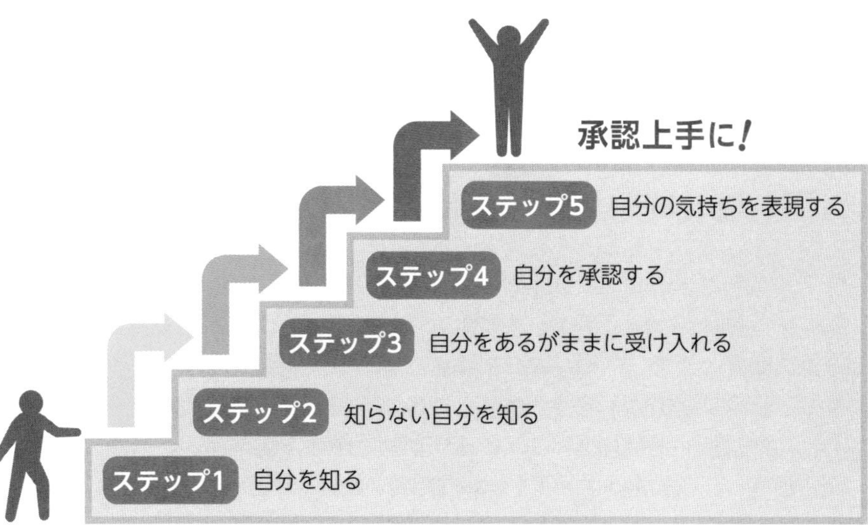

キーワード　**自己覚知、バイアス**

ステップ1　自分を知る

自分の個人的な傾向を自覚しよう

「私には○○なところがある」と自覚する

承認上手になるための最初のステップは、自分を知って、自己覚知することです。「私には○○なところがある」と、自身の判断や行動の仕方にみられる個人的な傾向を意識しておくことを**自己覚知**といいます。

私たちは誰でも、個人としての価値観や行動傾向を持っています。援助の現場では、援助職としての倫理や行動規範に基づいて業務を行っているつもりでも、判断や行動の仕方に個人としての自分が映し出されることがあります。

例えば、予定通りにことが進まなくても、それほど焦ることなく、「まあ、何とかなるでしょう」と悠長に構える援助職もいるでしょう。一方で、予定を厳守することに価値を置く援助職であれば、そのような状況にイライラしてしまうかもしれません。

「私は、時間にルーズなところがある」「私は、プレッシャーに弱いところがある」などのように、自身の情緒的側面や反応・行動パターンを自覚しておくことが大切です。

自己覚知は、承認するために不可欠

自己覚知できていない援助職は、自分の個人的な傾向に自覚がないため、他の人も自分と同じように判断したり、行動したりするのが「当たり前」と思い込みがちです。

例えば、話をすることが得意な援助職は、口下手な職員に対して、「もっと積極的に話をするべき」と感じるかもしれません。感じるだけではなく、自分と同じように行動することを相手に求めてしまうこともあるでしょう。そこに個人としての判断があることに気がつかないと、自分とは異なる相手を認めることは難しくなるのです。

自己覚知のできている援助職であれば、「もっと積極的に話をしたほうがいいと思うのは、私が話をすることが得意だからかな」と、個人的な傾向から生じる**バイアス**（偏った見方）に気づくことができます。自分の個人的な傾向に自覚があれば、「では、話をすることが得意ではない人は、どのようにコミュニケーションをとるのかな？」と、自分と区別して、相手を見ることが可能になるのです。口下手な職員は、実は聴き上手で、援助の対象者から「話をちゃんと聴いてくれて、ありがとう」などと喜ばれているかもしれません。

自己覚知ができていなければ、いくら相手を観察しても、その人を承認するポイントに気づかないのです。

自己覚知

援助職は、自身の個人的な傾向を自覚しておくことが大切

「間に合わない！」
（イライラ）

予定を厳守することが大事！

「まあ、何とか
なるでしょう」

予定通りでなくても大丈夫！

p.134とp.136のWorksheet
「自分の傾向を知る」にチャレンジ
して、自己覚知に役立てましょう。

Worksheet ワークシート 自分の傾向を知る～援助の現場編～

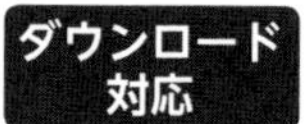

もし、援助の対象者から「どうして、そんなことを言うのですか」と言われたときに、あなたはどのような気持ちになり、どのような反応を示しますか。以下のワークシートに、それぞれの理由とともに記入しましょう。

グループワークとして取り組む場合には、一人ひとりが考えた後、3～4人のグループで発表して、以下のワークシートに記入します。そのような気持ちになったり、そのように反応したりする理由も発表してみましょう。

「どうして、そんなことを言うのですか」と言われたら……		
氏名	どのような気持ちになる？	どのような反応を示す？
自分	理由：	理由：
	理由：	理由：
	理由：	理由：
	理由：	理由：

<記入例>

「どうして、そんなことを言うのですか」と言われたら……		
氏名	どのような気持ちになる？	どのような反応を示す？
山田和子（自分）	少し、カチンとくる。 理由：自分だけが責められているような気がするから。	自分の言い分を伝えると思う。 理由：誤解されているかもしれないから。
佐藤義明	申し訳ない気持ち。 理由：相手が怒っているから。	「すみません」と謝る。 理由：怒らせてしまったことをまずお詫びしたいから。
○○○○	○○○○○ 理由：△△△△△△	○○○○○ 理由：△△△△△△

解説 「どうして、そんなことを言うのですか」と言われたときに、どのような感情を抱き、どのように反応するのかは、この言葉の捉え方によって大きく異なります。
シンプルに“質問”と受けとめれば、特に個人的な感情を抱くことなく、その質問に答えることになるでしょう。
しかし、この言葉を“叱責”と受け取る人もいます。「どうして」という表現は、質問するときだけではなく、相手を叱責するときにも使われているからです。
“質問”と受けとめるのか、それとも“叱責”と感じるのかは、その人のこれまでの経験が大きく影響します。「どうして、○○なのですか」という言葉を、叱責の言葉として耳にすることが多かった人は、それが純粋な質問であっても、つい弁解や謝罪を口にしてしまうかもしれません。

Worksheet ワークシート 自分の傾向を知る～職場編～

ダウンロード対応

もし、職場の上司や先輩などから「やめたければ、やめれば」と言われたときに、あなたはどのような気持ちになり、どのような反応を示しますか。
以下のワークシートに、それぞれの理由とともに記入しましょう。

グループワークとして取り組む場合には、一人ひとりが考えた後、3～4人のグループで発表して、以下のワークシートに記入します。そのような気持ちになったり、そのように反応したりする理由も発表してみましょう。

「やめたければ、やめれば」と言われたら……		
氏名	どのような気持ちになる？	どのような反応を示す？
（自分）	理由：	理由：
	理由：	理由：
	理由：	理由：
	理由：	理由：

<記入例>

「やめたければ、やめれば」と言われたら……		
氏名	どのような気持ちになる？	どのような反応を示す？
山田和子（自分）	悲しい気持ちになる。 理由：もう見放されてしまったのかなと思うから。	落ち込む。泣いてしまうかも。 理由：どうしたらいいか、わからないから。
佐藤義明	怒りの感情。 理由：そんな言い方をされたら、頭にくるから。	すぐやめると思う。 理由：頑張って続けようという意欲がなくなるから。
○○○○	○○○○○ 理由：△△△△△△	○○○○○ 理由：△△△△△△

解説 どのような状況において、誰から、どのような言い方で、「やめたければ、やめれば」と言われたかによって、言葉の印象は変わってくるでしょう。ただし、文字で「やめたければ、やめれば」と示されただけでも、この言葉の受け取り方は人それぞれです。「やめたければ、やめれば」と言われたら、悲しいという人もいれば、頭にくるという人もいます。また、同じ怒りの感情を抱いても、「そんな言い方をされたら、すぐやめる」という人もいれば、「そんな言い方をされたら、絶対にやめない」と答える人もいます。「やめたくなったら、やめてもいいんだ」と言葉を額面通りに受け取って、安心した、ほっとするという人もいるのです。

「そんな言い方されたら、誰でも怒る」と捉えてしまうと、自分とは異なる他者の感情や反応に気づくことができません。「私だから頭にくるけど、みんなが同じように怒りの感情を持つとは限らないんだ」と意識することが大切なのです。

キーワード　確証バイアス、ジョハリの窓

ステップ2　知らない自分を知る

「自分らしさ」を見直してみよう

“自分らしい行動”を決めるセルフ・イメージ

ステップ1で自分の個人的な傾向を意識したら、ステップ2では、自分に対して抱いているイメージを見直してみましょう。

私たちは、セルフ・イメージ通りに行動したときに“自分らしさ”を感じます。例えば、「私は、人から頼まれると断れないタイプの人間だ」というイメージを自分に抱いている人は、断らないという行動が“自分らしい行動”になり、断るという行動は“自分らしくない行動”になるのです。

同様に、「私は、人を褒めるタイプの人間ではない」というセルフ・イメージを持つ人には褒めない行動が自然であり、褒めようとすると違和感すら覚えるかもしれません。

私たちはセルフ・イメージに矛盾しないように、自分の行動を決めていると言えるでしょう。承認上手になるためには、まず、セルフ・イメージを見直すことが必要なのです。

他者からの評価がセルフ・イメージをつくる

では、セルフ・イメージはどのように形成されるのでしょうか。セルフ・イメージの形成に影響を与えるのが、他者からのフィードバックです。特に、自分にとって重要な存在の人からのフィードバックは、それが肯定的なものであっても、否定的なものであっても、意外なほど大きな影響を及ぼすことがわかっています。

例えば、親から「あなたは優しい子ね」と言われて育った子どもは、「私は優しい人間だ」というイメージを持ち、そのイメージに合致した行動をとるようになります。同様に、「あなたは何をやってもダメな子」と言われて育った子どもは、「私は何をやってもダメな人間だ」というイメージ通りに行動するようになってしまうのです。

「自分が知っている自分」と「他者が知っている自分」

セルフ・イメージは、いったん形成されるとなかなか変化しません。その大きな理由は、確証バイアスです。**確証バイアス**とは、自分の見方が間違っていないことを裏付ける情報のみを集めようとする傾向のことです。このバイアスが働くと、自分のセルフ・イメージに合致する評価のみに注意を向けてしまうため、「やっぱり、自分はそうなんだ」と、ますますそのイメージを強化してしまうのです。

私たちは、自分のことを一番よく知っているのは自分と思いがちですが、次頁の『ジョハリの窓』は「自分では気づいていないけれども、他者が気づいている部分」や「自分も、他者も、誰も知らない部分」があることを指摘しています。p.142のワークシートにチャレンジして、「自分が知っている自分」と「他者が知っている自分」にズレがないかを確認してみましょう。自分自身に抱いているイメージを、広げることができるかもしれません。

セルフ・イメージの特徴

❶ セルフ・イメージは"自分が意識している自分"

➡ "他者の目に映っている自分"と一致しているとは限らない

❷ セルフ・イメージは"自分らしさ"

➡ 矛盾が生じないようにイメージ通りに行動しようとする

❸ セルフ・イメージは重要な他者からの評価に基づいて形成される

➡ 繰り返し言われたことが、自分のイメージに取り込まれる

ジョハリの窓

		自分が	
		知っている自分	知らない自分
他者が	知っている自分	**開放の窓** 公開された自己 (open self)	**盲点の窓** 自分は気づいていないものの、他者は知っている自己(blind self)
	知らない自分	**秘密の窓** 隠された自己 (hidden self)	**未知の窓** 誰からもまだ知られていない自己 (unknown self)

アメリカの心理学者ジョセフ・ルフト(Joseph Luft)とハリー・イングラム(Harry Ingham)は、「自分が知っている自分」と「他者が知っている自分」との一致あるいは不一致を4つの枠で分類し、窓に見立てたモデルを発表しました。2人の名前(ジョセフとハリー)を組み合わせて「ジョハリの窓」と呼ばれています。

ジョハリの4つの窓は、横軸の「自分が知っている自分」と「自分が知らない自分」、縦軸の「他者が知っている自分」と「他者が知らない自分」の組み合わせで整理されます。4つの窓は固定されているものではなく、状況によってそれぞれの役割は変化します。

開放の窓　この窓が広いと人の目を気にせず、自分らしく振る舞うことができます。生き生きとしたコミュニケーションや良好な人間関係のためには、この窓を広げていくことが大切です。

盲点の窓　自分の長所に気づいていないとしたら、それはもったいないことです。その一方で、自分の悪い面に気づいていないときは、知らず知らずのうちに人に迷惑をかけていることもあるかもしれません。

秘密の窓　誰でも、他者に話していない、見せていない部分も持っているでしょう。ただし、何かを隠そうとすると、他者との交流を回避してしまいがちです。

未知の窓　自分も、他者も気づいていない潜在的な力が眠っているかもしれません。

他者からのフィードバックをしっかり受けとめ、同時に自己開示することで"開放の窓"が大きくなると、今まで知らなかった自分を発見する機会になるでしょう。

Worksheet ワークシート 「自分が知っている自分」と「他者が知っている自分」

ダウンロード対応

“自分が知っている自分”と“他者が知っている自分”を知るためのペアワークです。
2 人一組で行いますが、2 人以上のグループでの実施も可能です。

1. シート①に、自分の長所を3つ記入してください。
2. シート②に、ペアの相手の名前とその人の長所を3つ記入してください。2人以上のグループで実施する場合には、シート②を人数分コピーして使用してください。
3. シート②をペアの相手に渡します。
4. シート①と②を見比べてみましょう。
5. p.140〜141「ジョハリの窓」の説明を読んで、“自分が知っている自分”と“他者が知っている自分”について気づいたことをペア（グループ）で話し合ってみましょう。

シート①

自分の望ましい特徴や好きなところなど、良い面を3つ記入してください

1.

2.

3.

切り取り

シート②

____________ さんの望ましい特徴や好きなところなど、良い面を3つ記入してください

1.

2.

3.

キーワード **基本的構え、セルフ・コンパッション、マインドフルネス**

ステップ3 自分をあるがままに受け入れる

自分にも優しい気持ちを向けよう

私も、相手もOK

ステップ1とステップ2で自分自身への理解を深めたら、ステップ3ではその自分をあるがままに受け入れてみましょう。承認上手になるには、相手に対してだけではなく、自分自身に対しても、信頼と愛情を寄せていることが望ましいからです。

交流分析（p.120）では、自分と他者のそれぞれに対して肯定的であるか、それとも否定的であるかによって、人の**基本的構え**をp.146の図のように分類しています。自分が相手を肯定（“あなたはOK”）していても、自分自身を否定（“私はOKではない”）していると、人とのかかわりを回避したり、自己防衛的な態度になったりして、相手との間に壁をつくってしまいがちです。最も望ましい交流は、相手も自分も肯定（“あなたはOK”“私はOK”）する構えから生まれます。短所や欠点も含めた自分自身をあるがままに認めて、自分のことも肯定することが大切なのです。

セルフ・コンパッション

自分をあるがままに受け入れるには、思いやりや慈しみの気持ちを、自分自身に向けることが必要です。自己への慈しみのことを**セルフ・コンパッション**といいます。

セルフ・コンパッションの構成要素は、自分への優しさ、共通の人間性、**マインドフルネス**（p.149）の3つです。自分に優しい気持ちを向けて自己批判せず、困難な状況に直面しても、それは誰しもが共通に経験することと認識して、否定的な考えや感情に囚われないことと言えるでしょう。

セルフ・コンパッションが高い人は、低い人と比べて、満足感や幸福感をより得やすいことがわかってきました。対人援助職に特有なストレス反応である“燃え尽き症候群”（p.93）に対しても、セルフ・コンパッションの有効性が報告されています。

セルフ・コンパッションの3つの要素

1　自分への優しさ（Self-Kindness）

自分に厳しく批判的になるのではなく、思いやりの態度でねぎらうこと

2　共通の人間性（Common Humanity）

失敗や苦しみを人間誰しも経験することの1つとして普遍的に捉えること

3　マインドフルネス（Mindfulness）

否定的感情に囚われるのではなく、バランスのとれた状態にしておくこと

セルフ・コンパッションが高い人と低い人

高い人

- 他人の評価に左右されずに、自分自身と向き合うことができる
- 満足感・幸福感が増大して、精神的な健康が促進される

低い人

- 自分を追い込んでしまい、自己防衛、自己否定しやすい
- ストレスを感じて、抑うつや不安が増大する

基本的構えと交流様式

基本的構えは、次ページの4つです。どの構えを持つかによって、人と交流するときに特定のパターンがみられます。

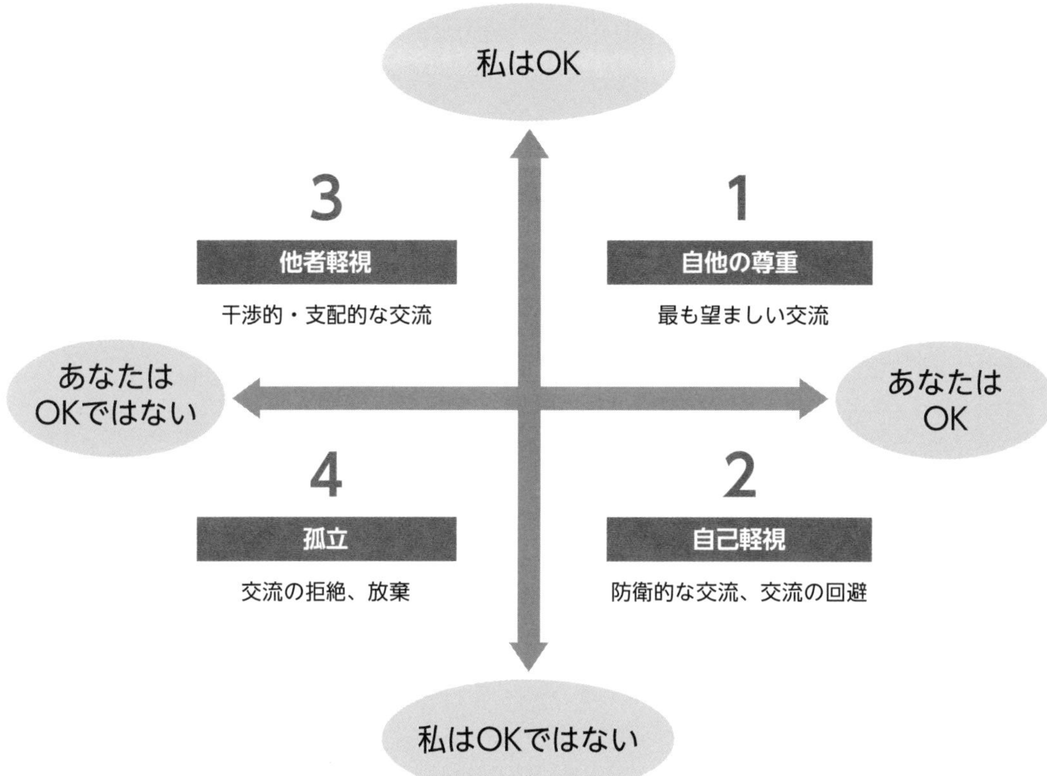

OKとは肯定していることを意味し、OKではないとは否定していることと捉えるとわかりやすいでしょう。OKとは、「正しい」「価値がある」「優れている」「愛されている」「役に立つ存在である」などの肯定的な表現に置き換えることができます。それとは逆に、OKではないとは、「間違っている」「価値がない」「劣っている」「愛されるに値しない」「役に立たない存在である」などの否定的な言葉で表現されます。

<4つの基本的構え>

1 私も、あなたもOK

自分と他者の双方に対する肯定的な構え。

自分のことも、相手のことも大切にした交流が生まれる。

2 私はOKではないけど、あなたはOK

自分に対しては否定的で、他者に対しては肯定的な構え。

「あなたは優れているけど、私は劣っている」「あなたには価値があるけど、私には価値がない」などと自分に劣等感情を抱くと、人と交流することが苦痛になってしまう。

3 私はOKだけど、あなたはOKではない

自分に対しては肯定的で、他者に対しては否定的な構え。

「私は正しいけど、あなたは間違っている」「私のやることは優れているけど、あなたのやることは劣っている」などと他者を軽視してしまうと、干渉的で支配的なかかわりになりやすい。

4 私も、あなたもOKではない

自分と他者の双方に対する否定的な構え。

自分のカラに閉じこもりがちで、交流そのものを拒絶・放棄してしまう。

交流分析では、"基本的構え"はその人が人生の初期にどのようなストロークを、どの程度もらったかによって決まると考えます。幼い頃に与えられたストロークの質も量も変えることはできませんが、"これまでの自分"と"今の自分"を認めて、"これからの自分"にポジティブ・ストロークを与えられれば、他者との関係に良い影響があるはずです。

Checksheet チェックシート あなたは自己肯定？ 自己否定？

ダウンロード対応

あなたは自分をどのよう評価しているでしょうか。以下の質問を読んで、いつもそう思う場合は 3、ときどきそう思う場合は 2、あまりそう思わない場合は 1、まったくそう思わない場合は 0 を空欄に記入して、縦に集計しましょう。

1	自分には、人より優れたところがある		
2	自分が嫌になることがある		
3	自分は、誰かの役に立っている		
4	今の自分に満足している		
5	他の人をうらやましく思うことがある		
6	人から認めてもらいたいと思う		
7	自分から行動することができる		
8	自分に自信がない		
9	自分のことを大切に想ってくれる人がいる		
10	自分でなくてはできないことがある		
11	他の人と自分とを比べてしまうことがある		
12	自分はダメだと思うことがある		
	合計	①	②

②より①の得点が多ければ自己肯定、①より②の得点が多ければ自己否定の傾向があります。自己肯定の傾向がある人は、ステップ5に進みましょう。自己否定の傾向がある人は、ステップ4で自分をもっと肯定する方法を学びましょう。

マインドフルネス

近年、認知行動療法の新しいアプローチとして、マインドフルネスが注目されています。**マインドフルネス**とは、今この瞬間の体験に意図的に意識を向けている心の状態や、そのような心理状態を目指すためのプロセスであり、最近では、リラクゼーションやストレス解消法としても注目されています。

マインドフルネスは、過去の記憶や、その日にあった出来事、明日やらなくてはいけないことなどに囚われないように、瞑想などによって“今”に注意を向けて緊張や不安などの感情に支配されない状態をつくります。

瞑想というと、坐禅をイメージしてしまいがちですが、禅での瞑想はリラックスやストレス解消などの効果を目的としていません。マインドフルネスの瞑想では自分の呼吸や音、日常生活動作（歩く、食べるなど）に意識を向けて、ネガティブな思考や感情から距離をとることで、ストレスを低減させる効果が認められています。

ヨガの“シャバーサナ”も呼吸に意識を向ける瞑想です。シャバーサナは寝ながら瞑想するため、屍のポーズとも呼ばれています。仰向けになった姿勢で全身の力を抜き、深くゆっくりと呼吸をして、体と心を解放します。その呼吸に意識を向けて瞑想を行うので、高いリラックス効果が期待できます。

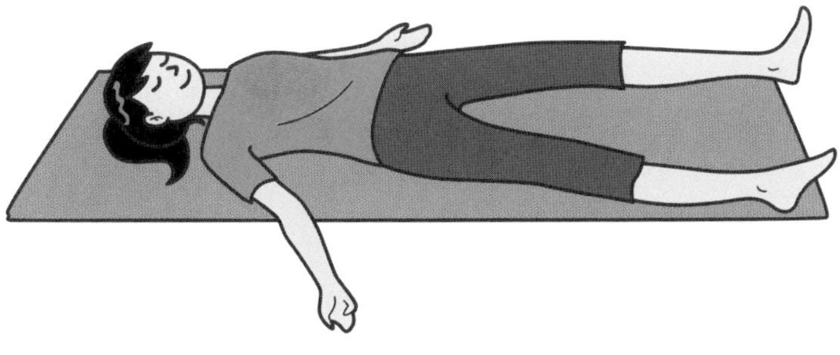

キーワード　自己承認、アクセプタンス

ステップ4　自分自身を承認する

自分を上手に承認してあげよう

自分の強みを見つける

ステップ3で自分にも優しい気持ちを向けたら、ステップ4では自分自身を承認してみましょう。自分で自分を認めることを**自己承認**といいます。

「私には、自己承認できるような“強み”はない」と思う人もいるかもしれません。確かに、自分自身の“強み”にはなかなか気づきにくいものです。p.152のWorksheet「あなたの“強み”は？」にチャレンジしてみましょう。自分では当たり前と思っていたことが、実は、あなたの“強み”であったことに気づくかもしれません。

あるがままに受けとめるアクセプタンス

心理学者のアドラー（Adler, A.）は、自己承認ができるようになると、他者承認しやすくなると指摘しています。承認上手になるためには、まず、自分で自分自身を承認できるようになりましょう。

もしも、「自己承認なんてムリ。自分に自信がないから……」などとネガティブな感情が出てきたら、その気持ちを受けとめることから始めます。「そうか、自分に自信がないって思うんだね」と、そのような感情が自分自身のなかにあることを認めるのです。不快な思考や感情を排除しようとするのではなく、自分のなかに“そのまま存在させる”ことを**アクセプタンス**といいます。自分のなかにあるネガティブ感情の存在を認めることができないと、その感情は昇華されないままです。その感情を否定したり、無視したり、コントロールしようとしたりせずに、自分の一部として、その存在を認めてあげましょう。

自分へのポジティブ・ストローク

自分にポジティブ・ストロークを与えることも、自己承認する有効な方法です。例えば、計画していたことが予定通りに進まず、「今日は、ここまでしかできなかった」と思ったら、「今日は、ここまでできた」と肯定的な表現にリフレーミングしましょう。そして、「疲れた～」と言う代わりに、自分自身に「お疲れさま、よくやったね」「頑張ったから、少しゆっくりしようね」などと、ねぎらいやいたわりの言葉をかけてあげましょう。言葉は声に出したり、文字にしてみたりすることで、大きな力を発揮します。聴覚からも、視覚からも、自分を承認していることを感じることが大切です。

自分へのご褒美も、自分を承認する良い方法です。短い時間でも、日常から離れて自分のやりたいことをする時間を持ったり、ちょっとだけ贅沢なことをしたりして、頑張った自分にはそれだけの価値があることを体験させてあげましょう。

自分へのポジティブ・ストローク

- 自分自身にねぎらいの言葉をかける
  「今日も一日お疲れさま。よくやったね」
- 自分自身にいたわりの言葉をかける
  「頑張ったから、少しゆっくりしようね」
- 頑張ったことや、よくできたことを記録する
- 自分にご褒美をあげる

他者からのストロークは、自分がほしいと思っているときにももらえないこともありますが、自分で自分にストロークを与えることは、いつでも、どこでも、何度でもできます。まずは、自分にとって一番身近な存在である自分自身に、ポジティブ・ストロークを与えてあげましょう。

Worksheet ワークシート あなたの“強み”は？

ダウンロード対応

次の文章を、自由に完成させてみましょう。自分を特徴づけている“強み”を知って、自己承認しましょう。

1 私の最も好きなところは、＿＿＿＿＿＿＿＿＿＿

2 私が最も楽しく感じるときは、＿＿＿＿＿＿＿＿＿＿

3 私が最も自分らしくなれるときは、＿＿＿＿＿＿＿＿＿＿

4 私が最も元気になれるときは、＿＿＿＿＿＿＿＿＿＿

5 私が最も嬉しいときは、＿＿＿＿＿＿＿＿＿＿

「自分の嫌いなところしか思い浮かばない」という人は、短所は長所の裏返しです。否定的な特徴を持っている人でも、それがあるということは、肯定的にも機能する可能性があると言えるでしょう。p.98のリフレーミングで、見方を変えてみるとよいでしょう。

褒められ上手は褒め上手

誰かが自分のことを褒めてくれたとき、あなたはどのように反応していますか？「いえいえ、そんなことありません」などと謙遜する人もいれば、何だか気恥ずかしいので黙っている人もいるかもしれません。喜びたいのに喜んではいけないような変な気分になる人もいるでしょう。

褒められたときは、相手の言葉をちゃんと受けとめることが大切です。相手の褒め言葉はさえぎらず、最後まで聴きます。そして、「嬉しいです」「ありがとうございます」などと、そのときの素直な気持ちや相手への感謝を伝えましょう。自分では謙遜しているつもりでも、「そんなことありません」は否定をする表現です。それは、「あなたの見方は間違っている」と相手に言っているのと同じです。謙虚な姿勢でその言葉を受けとめてみましょう。それは、褒めてくれた相手の気持ちを受けとめることでもあるのです。

褒め上手になるためには、まず、自分が褒められ上手になりましょう。褒められ上手になることは、褒めてくれた相手の気持ちを大切にすることです。褒められたときだけではなく、相手から送られたポジティブ・ストロークを素直に喜ぶことが、相手に対するポジティブ・ストロークなのです。

キーワード **アサーティブな自己表現**

ステップ5 自分の気持ちを表現する

感謝や好意的な気持ちを伝えてみよう

褒められたときの反応でわかる自己表現の傾向

ここまでのステップで承認上手になるためのマインド（態度）を身につけたら、ステップ5ではいよいよ実践について学びます。実践するために欠かせないのが、適切に自己表現する力です。自己表現の種類は、大きく分けて3つあります。

1つ目は、自分の考えや気持ちを素直に伝える“**アサーティブな自己表現**”です。人から褒められたときに、その言葉を素直に受けとめて、「嬉しい」という自分の気持ちを表現できる人はアサーティブな自己表現が身についている人と言えます。

2つ目は、自分の考えや気持ちを率直に表現しない、あるいは、表現し損なってしまう“**ノン・アサーティブな自己表現**”です。褒められたときに、つい謙遜してしまう人や、気恥ずかしくて黙っている人はノン・アサーティブな傾向があると言えるでしょう。

3つ目は、自分の考えや気持ちを過剰に表現することで、相手を言い負かそうとする“**アグレッシブな自己表現**”です。褒められたときに、鼻高々になる人、あるいは、自分が見下されているように感じて、嬉しいと思えない人はアグレッシブな傾向があります。

承認するときはアサーティブに

承認上手になるためには、アサーティブな自己表現を普段から意識しましょう。

特に、ノン・アサーティブな傾向の人は、相手の顔色をうかがったり、相手に気兼ねしたりしてしまい、「わざわざ自分が言わなくても……」などと自己表現することを躊躇してしまいがちです。普段から、「私は」を主語にしたIメッセージを活用して、自分の考えや気持ちを表現することに慣れることが大切です。「○○さんの考え方、私はいいなと思います」「○○さんのそういうところ、素敵だなって私は思うよ」などと、あなたの素直な気持ちを伝えることから始めてみましょう。

3つの自己表現

	アサーティブな自己表現	ノン・アサーティブな自己表現	アグレッシブな自己表現
自己表現の仕方	自分の考えや気持ちを素直に伝える	自分の考えや気持ちを率直に表現しない、あるいは、表現し損なってしまう	自分の考えや気持ちを過剰に表現することで、相手を言い負かそうとする
人から褒められたときの反応	その言葉を素直に受けとめて、「嬉しい」という自分の気持ちを表現する	・謙遜する ・気恥ずかしいので黙っている	・鼻高々になる ・自分が見下されているように感じて、嬉しいと思えない
相手に「いいな」と思ったときの自己表現	自分の気持ちを素直に言葉に出す	わざわざ言わなくてもいいと思って、言葉に出さない	・余計な一言とともに言葉に出す ・嫌味っぽく言う

アサーティブな自己表現は、“アサーション”や“アサーティブ行動”とも呼ばれています。行動療法という心理療法から生まれた、人間関係の基本となるコミュニケーションの“考え方”であり、“実践方法”とも言えるでしょう。

褒め言葉に怒る人はいない

適切な自己表現を妨げている原因の1つは、「自分の気持ちを正直に伝えたら、相手に悪く思われるのでは……」という不安です。

褒める言葉は、けっして相手を怒らせることはありません。それどころか、相手は「自分のことをちゃんと見ていてくれた」「自分を認めてくれている」などと、きっと喜んでくれるはずです。そのような相手の反応を見て、伝えたあなたも「言ってよかった」と嬉しくなるでしょう。このようなポジティブ・ストロークのやりとりが、アサーティブな自己表現の基礎になります。

伝えやすいのは感謝や好意的な気持ち

相手が怒らないとわかっていても、「褒める言葉はすぐに出てこない」という人は、相手への感謝の気持ちや好意的な気持ちを伝えてみましょう。

例えば、率先して役割を引き受けてくれた相手を承認するときに、褒め言葉を使うのであれば、「自分から引き受けるなんて、えらいですね」「○○さんは積極的で、いいね」などと伝えることになります。感謝の気持ちを伝えるのであれば、「快く引き受けてくださって、ありがとうございます」「積極的に手を上げてくれて、ありがとう」などと表現するとよいでしょう。あるいは、「○○さんのそういう積極的なところ、私は素敵だと思います」と好意的な気持ちを伝えることもできます。

褒める言葉も、感謝の言葉も、何に対する「えらいですね」「ありがとう」なのかを具体的に伝えることがコツです。このような今すぐできる承認から、早速実践してみましょう。

褒め言葉での承認		これを感謝の気持ちを伝えて承認するなら…
「機転が利いて、素晴らしいですね」	➡	「気づいてくださって、ありがとうございます」
「頑張ってるね、えらいね」	➡	「一生懸命取り組んでくれて、ありがとう」
「手伝ってくれるなんて優しいね」	➡	「手伝ってくれて、本当に助かりました」

褒め言葉での承認		これを好意的な気持ちを伝えて承認するなら…
「その考え方、いいですね」	➡	「その考え方、私はいいと思います」
「○○さんのそういうところ、素敵ですね」	➡	「○○さんのそういうところが、私は素敵だと思います」
「上手ですね」	➡	「私も、そのように上手にできるようになりたいです」

「その考え方、私はいいと思います」「○○さんのそういうところ、私は素敵だと思います」と伝える代わりに、「その考え方、私は好きです」「○○さんのそういうところに、憧れます」などと表現するのもよいでしょう。

おわりに

私がこれまで、素敵だなと思った言葉の1つが“I'm proud of you”です。直訳すれば「私はあなたを誇りに思う」という意味ですが、アメリカでは、“Good job”と同じく、「よくやったね」と相手を褒めるときに使う表現です。同じ褒め言葉でも、Iメッセージであるこの言葉が私はとても好きでした。学生時代に、教授や友人から“I'm proud of you”と言ってもらうたびに、嬉しくなってモチベーションがぐんっと上がったことを思い出します。

自分が教える側になったとき、私も、相手がポジティブな気持ちになれるような承認のできる教員になりたいと思いました。でも、私が発信する承認より、私が受信しているポジティブなストロークのほうがはるかに多いことに日々、気づかされます。授業中に見せてくれる学生のイキイキとした表情や、現任研修での援助職の方々の真剣な表情、講義後のあたたかい拍手や笑顔、受講者アンケートに記入してくださる感想、そして、「ありがとう」という感謝の言葉に、私は支えられ、励まされてきました。これまで出会った方々からいただいたストロークは、その1つひとつが私にとって大切な宝物です。

対人援助の現場で使える便利帖シリーズは、「聴く・伝える・共感する技術（2017年8月発行）」、「質問する技術（2019年7月発行）」に続き、本書で3冊目となりました。このシリーズの生みの親であり、育ての親でもある翔泳社の小澤利江子さんには、執筆中、たくさんの気づかいの言葉や、勇気づけの言葉をかけていただきました。率直な感想を教えてくださったり、一緒に喜んでくださったり……。小澤さんからの承認がなければ、本書は完成できなかったと思います。心より感謝申し上げます。

2020年4月
大谷　佳子

本書内容に関するお問い合わせについて

このたびは翔泳社の書籍をお買い上げいただき、誠にありがとうございます。弊社では、読者の皆様からのお問い合わせに適切に対応させていただくため、以下のガイドラインへのご協力をお願い致しております。下記項目をお読みいただき、手順に従ってお問い合わせください。

■ ご質問される前に

弊社Webサイトの「正誤表」をご参照ください。これまでに判明した正誤や追加情報を掲載しています。

正誤表　https://www.shoeisha.co.jp/book/errata/

■ ご質問方法

弊社Webサイトの「刊行物Q&A」をご利用ください。

刊行物Q&A　https://www.shoeisha.co.jp/book/qa/

インターネットをご利用でない場合は、FAXまたは郵便にて、下記“翔泳社 愛読者サービスセンター”までお問い合わせください。
電話でのご質問は、お受けしておりません。

■ 回答について

回答は、ご質問いただいた手段によってご返事申し上げます。ご質問の内容によっては、回答に数日ないしはそれ以上の期間を要する場合があります。

■ ご質問に際してのご注意

本書の対象を越えるもの、記述個所を特定されないもの、また読者固有の環境に起因するご質問等にはお答えできませんので、あらかじめご了承ください。

■ 郵便物送付先およびFAX番号

送付先住所　〒160-0006　東京都新宿区舟町 5
FAX番号　03-5362-3818
宛先　（株）翔泳社 愛読者サービスセンター

[著者プロフィール]

大谷 佳子（おおや よしこ）
Eastern Illinois University, Honors Program心理学科卒業、Columbia University, Teachers College教育心理学修士課程修了。
現在、昭和大学保健医療学部講師。認定看護管理者制度教育課程講師。認知症介護実践リーダー研修講師。介護相談員養成研修講師。その他、医療、福祉、教育の現場の援助職を対象に、コミュニケーション研修及びコーチング研修、スーパービジョン研修などを担当。
主な著書に、『対人援助の現場で使える 聴く・伝える・共感する技術 便利帖』『対人援助の現場で使える 質問する技術 便利帖』（翔泳社）、『よくある場面から学ぶコミュニケーション技術』（中央法規出版）など。

装丁　原てるみ、野呂翠（mill）
カバーイラスト　江田ななえ（http://nanae.or.tv）
本文イラスト　ケイーゴ・K / PIXTA（ピクスタ）、BUCH⁺、植木美江
本文DTP　BUCH⁺

対人援助の現場で使える承認する・勇気づける技術 便利帖

2020年4月20日　初版第1刷発行
2024年8月5日　初版第5刷発行

著者　大谷 佳子
発行人　佐々木 幹夫
発行所　株式会社 翔泳社（https://www.shoeisha.co.jp）
印刷・製本　日経印刷 株式会社

本書へのお問い合わせについては、159ページに記載の内容をお読みください。

造本には細心の注意を払っておりますが、万一、乱丁（ページの順序違い）や落丁（ページの抜け）がございましたら、お取り替えいたします。03-5362-3705までご連絡ください。

ISBN978-4-7981-6194-5　Printed in Japan